倜儻不羈《てきとうふき》の事業家
新島襄と下村孝太郎

―時代を生き抜いたベンチャー魂―

志村　和次郎　著

大学教育出版

はじめに

若き日の新島襄は、封建的な幕藩体制に対して批判的な気持ちをいだき、自由を求め、国禁を犯して密出国した、ほかならぬ「倜儻不羈《てきとうふき》」の丈夫《ますらお》だったのです。

新島は一〇年近いアメリカでの勉学とそれに続く、欧米教育視察（岩倉使節団）を通じて、「教育を通じて国家に奉仕する」という抱負と自らの使命をもって帰国しました。

時代は明治維新改革で、世の中が変わろうとした時、政治、経済、文化、教育などの分野に「これぞ」という逸材が出てきて、無から有を生み出し、国民生活にも大きな影響を与えていました。幕藩体制の崩壊とともにあらゆる分野で、新規事業が創出されたわけです。

当時、新島ほど、アメリカ事情を知る者はいなかったし、日本人として正規のアメリカの大学卒業、第一号であり、まさに、アメリカ人と変わらない知識人でした。

新島は、わが国が急ぐべきなのは欧米技術の移入や産業創出というハード面だけでなく、民主主義思想をともなうキリスト教文化、教育など精神文化が必要であると考えました。

つまり、知育、徳育の並行教育を可能にするため、自治・自立の私立総合大学をどうしても創りたいという強い意志を持っていました。

新島襄は「教育家、宗教家、政治思想家、そして事業家」として複数の顔を持っていますが、本書では、日本で最初に私立の総合大学を興そうとした「倜儻不羈の事業家」である新島襄に焦点をあてました。日本改良をめざし、政治、法律、経済、理化学、文学、医学、宗教などの分野に有能な人材を供給しようとするこの教育事業は、膨大な資金が必要であり、総合大学の創設には大きな苦難をともないます。

しかし、あきらめずに挑戦する、倜儻不羈の事業家・新島襄のベンチャー魂は多くの政・財界人の理解と協力を得るのに成功します。ついに一八七五（明治八）年に、その第一歩として同志社英学校を創立、そして、翌年の一八七六（明治九）年には同志社女学校を設立しました。

本書は新島襄が取り組んだ教育事業である、総合大学設立の活動を僅か一六年という短い期間で、どのように成就寸前まで進行させることができたか、豊富な人脈を通じて、新島の熱誠あふれた行動力、駆り立てたベンチャー魂に迫ってみようと思います。

新島襄の事業素養というべきものは、国家の指導層につながる豊富な人脈にあります。支援を受けるだけでなく、高い見識と技量で多くの有能な弟子たちを育て、また多くの政財界の有力者たちにも影響を与えました。そして、建学の精神である「良心を手腕に運用する人物の育成」、さらに教育理念としての「キリスト教主義・自由主義・国際主義」が息づき、同志社の学内組織に埋め込まれています。

　また、いかに新島襄のＤＮＡ（遺伝子）は弟子や後継者に注入され、継承されたかも関心事ですので、本書では教育事業で際立った協力関係にあった北垣国道京都府知事、銀行家・原六郎そして勝海舟、新島亡き後、新島の念願だった理化学校の後継者・下村孝太郎、財政基盤を固めた湯浅治郎、政・財界の調整役・徳富蘇峰、女子教育の後継者、メリー・Ｆ・デントンなど「偶儻不羈の事業家」にも本書で触れることにしました。

　さて、新島が総合大学の中でどうしても学部として設置したかったのは自然科学分野の理工学部でした。後継者は下村孝太郎でした。新島襄の最も信頼し、期待をしていた弟子であり、新島の生前から同志社ハリス理化学校の教頭（学部長に相当）に内定していました。

　そこで、本書の後半、六章から十章では、下村孝太郎のハリス理化学校での教育者としての仕事だけでなく、その後、学者から転換して起業し、先端技術者として、日本の化学工業に不滅の業績を残した、ベンチャー経営者としての活躍を辿りました。

　まさに、新島襄が望んだ「偶儻不羈」なる人物で一番似つかわしく、相応しいのが下村孝太郎だと思います。「信念と独立心とに富み、才気があって常規では律しがたい」とは、まさに下村孝太郎のことであり、「偶儻不羈」のモデルでした。新島は弟子の中でも下村孝太郎に特に気にかけ、下村の留学中は留守宅の家計を親身に世話しています。

新島襄はもし、下村がいなければハリス理化学校は開校しなかったでしょうし、できなかったであろうと思います。下村の実業界への転身後、同校は廃校になってしまいますので、その意味では、理化学高等教育では下村は新島の期待にそえなかったかもしれません。

しかし、現在の理工学部に連なる源流を創り、脈々と続く倜儻不羈の有能な人材を多数輩出してきたのも事実です。

師弟愛で固く結ばれた二人が歩んだ道は、教育事業と化学工業と異なりますが、二人の共通点が極めて多く、運命的な絆を感じます。

「倜儻不羈」は現代語ではむずかしい言葉で、時に訳注も必要になりますが、新島襄が好む、求める人材を見事に四字で表現しています。この新島の残した「求める人物像」はＤＮＡとなり、培養され、生き続け、さらに未来に向かって継承されるでしょう。

二〇〇八年七月

志村　和次郎

（本文中、氏名の敬称は略させていただきました）

偶儻《てきとう》不羈《ふき》の事業家

新島襄と下村孝太郎

――時代を生き抜いたベンチャー魂――

目次

第一章　新島襄の総合大学設立のための事業家魂

一、新島襄はなぜ総合大学を創ろうとしたか

明治維新改革で世の中が変わろうとした時、政治、経済、文化、教育などの分野に「これぞ」という逸材が出てきて、無から有を生み出し、国民生活にも大きな影響を与えました。文明開化とともに欧米技術の移入や産業創出というハード面だけでなく、民主主義思想をともなうキリスト教文化、教育など精神文化にも持ち込まれました。

したがって、幕藩体制の崩壊とともにあらゆる分野で、新規事業が創出されたわけです。

新島襄はなぜ大学を創ろうとしたか、それは約一〇年のアメリカでの勉学とそれに続く、欧米教育視察（岩倉使節団）を通じて、確信した「教育を通じて国家に奉仕する」という新島の使命感にあります。その心情を最初に表明したのは、養父のA・ハーディーとともに出席したラットランド

岩倉使節団で随行当時の新島襄

でのアメリカンボード年会での演説です。

この時が、新島襄が正式に帰国の意思を明確にしたもので、さらにその夢の実現に向けて最初に表明したのは、同年の一〇月にヴァーモンド州、ラットランドのグレース教会で開催されたアメリカンボード第六五回年会での演説です。

新島襄は準宣教師として出席し、最終日に「日本に帰ったら、日本にキリスト教主義の学校を創りたい」と当初予定になかった演説を行いました。

日本の幕藩体制下で、勉学意欲をそがれ、自分の人生を押しつぶされそうになったことを体験した自分自身の経験が重なり、自由主義国家、アメリカの人たち、とりわけ善意に溢れたキリスト者に、熱涙をこめて壇上で訴えました。一五分足らずの短時間とはいえ、会衆の胸にジーンとくるものがあり、瞬く間に五、〇〇〇ドルの献金が集まりました。

その献金者の中に農夫がいて、帰りの車代であった二ドルを新島に差出し、新島を感激させます。この基金が帰国後同志社設立の貴重な基金になりました。

さて、新島は**岩倉具視**を団長とする岩倉使節団に加わり、欧米教育視察を行うことで、一段と自信を持ち、帰国後の大学設立を決意するわけですが、その動機となったのは、欧米文明とキリスト教の精神をもって日本を文明国にしようとにする愛国心であり、もう一つは自主、自立と良心にもとづいた、市民参加できる私立の自由な高等教育機関が必要であると考えたからです。

新島は恩師Ｊ・Ｈ・シーリーの影響から「キリストなき国は自由なし」という信念をもち、その自由は階級的観念を消滅させると考えたからです。すなわち、ここでいう自由とは、個人の精神的自由ではなく、思想・学問・宗教・言論・結社・選挙などの政治的自由です。

新島は、そのような政治的自由をもった市民が国政をつかさどる民主主義国家を理想とし、日本をこのような自由制度の国にしたいと念願したのです。このように、このままでは日本は近代的な市民国家に成長は遂げられないという危機意識が新島にあったことが、同志社建学への強い意志につながったと考えられます。

近代日本の起業家はこのように、前例のない新規事業分野に進出し、社会基盤を形成していったわけですが、それは明らかに、現在のベンチャーにも通ずるものがあります。

そして、一般企業の場合は収益が目標のコアになりますが、教育事業は社会全体のインフラを作り上げる人材を養成する事業であり、言論界、金融・経済界、教育界などのリーダーを輩出することに大きな目的があります。

したがって、学校経営では、「どういう人物を養成するか」という理念のもとで、まず、教育の場である、環境整備が重要になります。校舎、学生寮、研究設備、図書館、教授陣、教材など多額のインフラ投資が必要です。次に、これらの人、物、金の経営資源を賄うための資金を安定的に確保し、円滑な学生募集をはじめとして、学校運営のノウハウが必要になります。その点、新島襄は自らの留学体験を通じて、アメリカ、ニューイングランドの大学を模範とする明確な大学像、つまりリベラル・アーツ(1)を教育の柱として幅広い分野の学問を通じて、豊かな人間形成をはかるという教育ノウハウを最初から持っていました。

したがって、当時の教育揺籃期で、この事業を推進できる第一人者は新島襄をおいていないといっても過言ではありません。その意味で、新島は明治の創業ベンチャーの先駆けともいえるもので、その教育事業は、新島独自の信念と情熱にもとづいてチャレンジした、天職ともいえるものでした。

これまで、新島に関する評伝、伝記は数多く出されていて、各々どの分野をフォーカスするかにより異なりますが、新島襄という人物を表現する時、「教育家、宗教家、政治思想家、そして事業家」という複数の顔を持っているのは事実です。

私はそれらを包括して、日本に最初に私立の総合大学を興そうとして、現在の同志社大学の前身、同志社英学校を創立した教育事業家というイメージが一番適切なように思います。

当然、宣教師という身分でもあり、伝道にもあたりましたが、教育において宣教師だけの養成を考えていたわけではありません。高等教育の内容として、最初から政治、法律、理化学、文学、医学、宗教などが念頭にありました。確かに、民主主義を持ち込んだ政治思想家としての顔や伝道活動による全国各地の教会設立など宗教家としての活躍も事実ですが、新島はそれらを包括して、大学設立の事業にまとめあげようとしたわけです。

A・ハーディー（一八一五〜一八八七）
ボストンのクリスチャン実業家で新島襄の養父。当初は牧師を目指して、フィリップス・アカデミーに入学するが、病気のために中退。銀行頭取やハーディー商会などの経営者として巨額の利益をあげた。それを海外伝道や教会、キリスト教教育などに惜し気もなく献金した。アメリカン・ボードの役員を永年務め、新島から「日本ミッションの父」と評価された。

岩倉具視（一八二五〜一八八三）
堀河康親の二男で岩倉具慶の養子。一八六八（明治元）年には王政復古を主導し、明治維新の指導者になる。外務卿、特命全権大使、左大臣。征韓論を阻止するなど政局を指導し、一八七一（明治四）年から一八七三（明治六）年の岩倉使節団の団長として広く欧米を視察。

J・H・シーリー（一八二四〜一八九五）
アーモスト大学を卒業後、ドイツに留学し、哲学を学んだ。母校で道徳哲学の教授になる。新島の最も影響を受けた恩師であり、新島は終生、全幅の信頼と敬愛の念を持ち続けた。後に同大学の学長、連邦議会議員を務める。

注

（1）「リベラルアーツ」とは、古代ギリシャで生まれた理念ですが、ルネサンス以降にこの言葉が教育の分野で使われました。現在は一般教養教育を意味しています。日本語では「全人教育」といわれますが、正確ではありません。リベラルアーツ・カレッジはアメリカの独特のタイプの大学で、Liberal Arts Collegeの翻訳はほとんど不可能なのです。リベラルアーツ教育は神学、哲学、法学、医学という伝統的な学問だけでなく、農業、林産、ビジネス、ジャーナリズムといった職業分野が新しい学問分野に含まれました。

二、起業家・新島襄の財産は豊富な人脈

新島襄が帰国したのが一八七四（明治七）年一一月で、それから一八九〇（明治二三）年一月二三日に没するまで、実質仕事をしたのはたったの一五年にすぎません。

その一五年間に驚く程、多くの人と交流し、事業上からもあたたかい支援を受け、また自ら多くの人にも影響を与えました。大学設立の目標が成就できるか否かは、当時の社会のあらゆる階層からの支持が欠かせないわけですが、とりわけ指導層といわれる政界、経済界の方々の積極的な支援

が必要でした。その点、滞米中に前述の岩倉使節団へ参加したことは、教育事情の視察で、広く自身の見識を高め、学校教育の指針を得たことと、**田中不二麿**をはじめ、**森有礼**、**木戸孝允**、**青木周蔵**ら明治新政府の高官たちと、より親しい関係、人脈を形成したことが大いにプラスになりました。

次第に、新島の理念とする精神文化、先見性の高い時代感覚と識見、そこに、ほとばしる情熱は彼らに好感をもって迎えられ、日本で類をみない私立大学の創設に向け、着実に味方を増やしていきました。

一般的に事業が成功するか否かのポイントはその事業にプラスになる人脈を形成することとよくいわれますが、当時の政治、経済の状況そして教育環境からみますと、社会から、その指導者として新島襄が必要とされたと考えてよいと思います。

そして、アメリカン・ボード(2)の支援に加え、新島の豊富な人脈は資金調達にもつながりましたし、学校用地の確保や教授陣の充実に直結しました。

当時の産業界での創業者たちをみても、その事業戦略や経営理念がしっかりしている点で共通しています。**福澤諭吉**は慶應義塾を起こしましたが、そのねらいとしたのは理財教育、つまり経済人、実業界のリーダー養成が第一義でした。

これに対して、新島は良心教育を基軸にした、キリスト教主義のアメリカ、イギリスのリベラルアーツカレッジであり、自由、自主、自立の私立総合大学がモデルでした。法律、経済、文学、理工学の他、医学部と病院、女子看護部を併設した総合大学です。この構想を実現させるためには、膨大な資金が必要であることはいうまでもありません。

通常の人なら最初から資金面で断念するところです。ところが新島襄はベンチャー精神旺盛で、ハイリスクながら、ハイリターンを期待し、果敢に挑戦したところに真骨頂があります。各界の多くの著名な政治・財界人をはじめとする人脈、親交は事業家・新島の財産であり、事業素養でもありました。

さて、新島に加え、**山本覚馬**、**J・D・デイヴィス**と**D・W・ラーネッド**が同志社の創設に関わることになります。そうして一八七五（明治八）年の一一月二九日に寺町丸太町上ルの今の新島邸で、祈祷会を開いて、同志社を正式に開校、「官許同志社英語学校」という看板を掲げました。

そのときの生徒は八人でした。先生は新島襄、ディヴィス、山本覚馬の三人、生徒は八人で、上野栄三郎、本間重慶、二階堂円造、田中助三郎、須田明忠、元良勇次郎、中島力造、高橋某ですが、**中島力造**、**元良勇次郎**は後に東京帝国大学の教授になります。

田中不二麿（一八四五～一九〇九）

新島襄は岩倉遣外使団のメンバーの中では文部理事官の田中と最も接触が濃密だった。新島は彼の秘書役（通訳・翻訳者）として行動をともにすることが多かった。田中が政府高官になってからの田中に新島はたびたび陳情したが、効果があがらず、失望する。

森有礼（一八四七〜一八八九）

薩摩藩士。上野景範に英学を学び、イギリス、アメリカに留学。駐米代理公使の時、新島襄と会い、岩倉使節団へ誘う。第一次伊藤内閣の初代文部大臣となり学校制度の改正を行う。また私財により商法講習所（一橋大学の前身）を設立。憲法発布式典の日、暗殺される。

木戸孝允（一八三三〜一八八八）

萩藩士。旧名・桂小五郎。京都で攘夷親征を画策し堺町門の変のため挫折。一八六五（慶応元）年帰国して藩政改革に参画、薩長同盟を結ぶ。一八六八（明治元）年明治政府の参議に進み。廃藩置県などに取り組む。さらに岩倉使節団副使となり、アメリカで新島と親しくなる。日本の近代化に主導的役割を果した。

青木周蔵（一八四四〜一九一四）

外交官。駐独、米大使。新島襄が岩倉使節団で訪欧時の駐独大使。

福澤諭吉（一八三四〜一九〇一）

明治の先覚者、慶應義塾の創立者・中津藩士百助の二子として、大阪で出生。緒方洪庵に蘭学を学ぶ。一八六〇（万延元）年から一八六七（慶応三）年にかけて幕府の遣欧米使節に三度参加し、『西洋事情』等の著作を通じて欧米文化を紹介した。一八六八（慶応四）年慶應義塾を創設。明治以降官職に就かず、位階勲等を受けなかった。『学問のすすめ』（一八七二）、『文明論之概略』（一八七五）「福翁自伝」など多数の著作がある。

山本覚馬（一八二八〜一八九二）
会津藩士山本権八の長男。日新館に学び文武兵学を修得、後江戸へ出て佐久間象山、勝海舟を訪ね、蘭学、様式砲術を研究。会津藩蘭学所を設置し、会津軍近代化に功がある。禁門の変では砲兵隊の指揮を取ったが、鳥羽・伏見の戦いで捕らえられ薩摩屋敷に幽閉される。失明と脊髄を損傷しながらも、口述筆記の「管見」と題する経世論が認められ、一八六九（明治二）年釈放され、京都府顧問、府会議長や京都商工会議所会頭として活躍した。妹の八重が新島襄夫人で、キリスト教に共感、新島襄と同志社創立に関わる。

J・D・デイヴィス（一八三八〜一九一〇）
ベロイト大学、シカゴ神学校卒業アメリカンボード派遣の宣教師として来日、神戸から京都に転じ、新島と二人同志社初の教員となる。同志社初期の貢献者。

D・W・ラーネッド（一八四八〜一九四三）
同志社創立メンバーの一人、イェール大卒業、アメリカンボードから派遣された宣教師で初期同志社の中軸教授。同志社大学の初代学長。現在、田辺キャンパスにラーネッド記念図書館がある。

中島力造（一八五八〜一九一八）
京都府出身。同志社英学校第一期生八人の一人。イェール大学、イギリス・ドイツ両国に学び、帰国後文科大学教授、東京大学教授を務める。倫理学の父といわれる。

元良勇次郎（一八五八〜一九一二）
兵庫県出身。同志社英学校第一期八人の一人。ボストン大学、ジョンズホプキンズ大学に学び、帰国後、帝国大学教授。心理学の権威。

注

（2）American Board of Commissioners for Foreign Missions　アメリカの会衆派（組合）。教会の人々が中心となって、海外の伝道を目的として一八一〇年に設立された。当初はWilliams Collegeの学生が中心であったが、後に長老派教会やオランダ改革派も参加した。新島襄が学んだアーモスト大、アンドヴァー神学校ももちろん組合教会系である。トルコ、中国、日本への伝道に力を注ぎ、同志社にも金銭面で援助した。新島の永眠後、ボードとの間に深刻な対立が生じ、大隈重信の仲介まで仰いだ。わが国におけるプロテスタントの伝道は、アメリカン・ボードに所属するグリーン神父によって一八七〇（明治三）年春、神戸の地から始められた。その翌年の一二月に宣教師として、着任したのがデービスであり、一八七五（明治八）年には京都で新島と同志社の設立にともない、ラーネッドら主力宣教師は京都へ移る。

三、渋沢栄一が国益重視で新島襄を支援

明治一〇年代後半から官業の払下げが進行し、産業振興に果たした政府の直接的な役割は一応終わり、有力起業家、財閥企業を中心とする民間企業がしだいに表舞台に登場してきます。しかし、民間企業を発展させるためには、官主導事業による刺激だけでは不十分であり、新しいビジネスモデル、ビジネスの新しいイメージ作りが必要でした。

また会社制度の導入を奨励したのも、視野を広く、企業心に富む有能な人材を企業に誘引するためでした。このような政府の誘導に触発されて、やがて民間にも士族、商人、農民などの間から新しいタイプの事業家が登場し、ビジネスの社会的地位の向上に努め、産業振興の推進者となっていきます。そして、この時代の事業家に共通していたのは、国家共同体意識をもち、私的利潤の排除、家業観念の継承という理念がしっかりしていることでした。最初に商工業の発展に寄与しようと官界から民間へ転進したリーダーは渋沢栄一です。

渋沢は「義にかなった利益の追求」を理念にかかげ、新時代の「実業」と江戸時代の「商工業」「素町人」とを明確に区分しました。新しい実業は不義の利を廃し、道義にかなった利益を追求する、すなわち道義を重んじ、公益重視によって国家に貢献することであるという理念をかかげました。

この**渋沢栄一**の「道徳経済合一主義」的な経営哲学はきわめて明快であり、多くの事業家に受け入れられるとともに、その後の起業家にも大きな影響を与えることになります。

このように、企業活動にあたって、単なる私的利潤の追求を否定し、国家への貢献を優先するという考え方、経営理念が多くの近代産業の発達に尽力した企業家に受入れられたことは、業界秩序の確立と産業の健全な発展には好影響をもたらしました。

渋沢栄一は早くから株式会社組織の必要性を主張し、多数の会社設立に参画してオルガナイザーとしての役割を果たし、渋沢の指導のもとで第一国立銀行、東京海上、日本鉄道、大阪紡績などの先駆的な会社制企業が設立されました。これらはいずれも各業界における先発企業として設立されました。

産業界での会社の隆盛とともに、政治、経済、文化の制度やバランスある発展もまた、当時の欧米志向から当然の急務でした。とりわけ教育は各分野に必要な人材を育成し、送り込むための最も重要な機能であり、命題でした。

渋沢栄一（国立国会図書館「近代日本人の肖像」より転載）

日本に私立の総合大学が必要であるという新島襄の構想に渋沢は賛同し、その設立ため多額の寄付をしました。このことは渋沢栄一によって、新島襄の大学設立の理念が評価され、その創立者としてふさわしいと認知したからです。渋沢栄一は明治維新の財界指導者として、国益を重視した多くの基幹業種の起業家を支援し、多くの株式会社の設立に関与した大御所であり、新島にとって何よりもが力強い味方となりました。

また、渋沢は早稲田や日本女子大にも同様に資金面で協力し、国益のため、産業振興のための人材育成のインフラ整備に協力しました。

渋沢栄一（一八四〇～一九八一）
日本近代産業の組織者。埼玉県深谷市出身。従兄の尾高惇忠《あつただ》から四書五経を学び、『論語』を一生の理論として身に付ける。一橋慶喜の用人の紹介で、幕臣となり、一八六七（慶応三）年、徳川昭武の随員としてフランスに行き、このときの知識が帰国後、新政府に登用される契機となり、大蔵省租税正。のち民間に転進、第一国立銀行頭取、王子製紙・大阪紡績・東京瓦斯のほか、東京商法会議所など会社・団体五〇〇以上に関係した。

四、大隈重信・井上馨ら政・財界人の協力

前述のように、新島襄の大学設立運動は渋沢栄一の支持が得られたのは何としても大きいわけですが、それを演出し、新島に協力したのが**井上馨**と**大隈重信**です。

一八八八（明治二一）年七月十九日、井上馨、大隈重信前、現外務大臣二人の尽力で、大学設立

資金募集の説明会が大隈外務大臣官邸で行われました。新島襄は**湯浅治郎**、**徳富猪一郎**（**蘇峰**）・**金森通倫**・**加藤勇次郎**をともない出席し、設立の趣旨を説明し、その援助を求めました。

このとき井上が自ら筆をとって勧進帳をつけ、かくして一夜にして次のような合計三万一、〇〇〇円という大金が集りました。

千　円　大隈　重信	千　円　井上　馨	六千円　原　六郎
三千円　岩崎　久弥	二千円　田中　平八	五千円　岩崎弥之助
二千円　益田　孝	六千円　渋沢　栄一	二千円　大倉喜八郎
五百円　青木　周蔵	二千五百円　平沼八太郎	

これはもとより、新島の熱誠と弁舌が有力者を動かしたものでしたが、大隈や井上が、この年事前に同志社英学校を視察し、実地に同志社英学校の順調な充実ぶりをみていたことも、信頼を与え、他に同調者を増やす結果につながりました。特に井上が援助をおしまなかったのは、欧化主義の一端として、キリスト教を日本に輸入する必要を感じていただけに、新島と同志社は、その対象として適切な機関であろうと認めたからだといわれます。そして慶應義塾の隆昌が、民間のあらゆる方面に手を延ばし、その出身者が余りにも有力であったので、これが牽制のために援助したという一

大隈重信（国立国会図書館「近代日本人の肖像」より転載）

面もあったようです。当時の早稲田はいまだ学校が設立されたばかりで、今日のような隆昌はその頃にはまったく予想されていなかったわけです。

創立者の大隈が東京専門学校を別にして、同志社の大学昇格を支援するという、井上と同様の欧米協調外交にもとれる熱心さで、新島らを感激させました。

この日のことを、大隈自身が「二十回忌に際して新島先生をおもう」（大隈重信関係文書、早稲田大学史資料センター）で次のようにいっています。

（略）今の井上侯が外務大臣のとき、条約改正の必要から、わが社会の各方面の改良を企て、いわゆる文明的事業に対しては、極力力をつくした。そこで新島君は、まず井上侯にその目的と計画をはなし尽力をねがった。君の精神に感動した侯は、大いに力をつくすつもりでいたが、二十年の暮、突然内閣をひくこととなり、翌二十一年の春、わが輩が代って外務大臣になった。

一たん引きうけた以上、途中であいまいにしえないのが侯の性格で、その種々な事務引きつぎと共に、新島君から依頼の件をわが輩に紹介した。君が非凡の人物であること、教育に対して熱烈な精神を有すること、私立大学設立の計画をたてたことなど、ことごとくわが輩にはなし、このような人物により企てられた、このような事業を是非成功させたいから、共に尽力してくれということであった。

新島氏のために名士を官邸に呼ぶわが輩は、十五年以来すでに数度あって、君の人となりも知っていた。ことに教育については、わが輩生来の関心事で、当時すでに、数年間東京専門学校経営の経験があった。したがって、深く新島君に同情し、直ちにこれを承諾した。大いに尽力しようということで、井上侯と相談の上、ともかくわが輩の官邸に、当時の実業界の有力者を集めることになった。その主なものは、渋沢栄一君、故岩崎弥之助君、益田孝君、原六郎君、その他大倉喜八郎、田中平入などの諸君十数名も見えたが、井上侯もわが輩とともに、主人役として列席した。

そこでわが輩は、新島君の計画を一同に紹介し、教育は個人の事業でなく、また政府の事業でもなく、国民共同の事業であるから、資力のある人は率先して、これを援助されるよう望む旨をのべた。ついで新島君は、この事業を企てるに至った精神を話したが、その熱誠と気迫に、一同感動しないではいられなかった。列席の人々は、これに動かされて直ちに応分の寄付を約した。井上侯もわが輩も寄付をすることになり、ひじょうに少数の人であったが、それで即座に三万円近くになった。

（略）当時の一千円は、今の数千円に当たる価値がある。それが即座に、三万円近くも集ったというのは、新島君の至誠が人を動かしたというより外はない。

大隈の言葉にあるように「学校経営は個人の事業でもなく、また政府の事業でもなく、国民共同の事業である」という大隈の応援演説は新島を一番勇気づけました。

井上馨（一八三五～一九一五）

萩藩士、井上五郎三郎の次男として生まれる。幕末国事多難な折、同志らとともに国事に奔走。伊藤博文らとともにイギリスに留学し、帰国後、明治維新の大業推進に貢献する。明治維新後は民部大輔、大蔵大輔となり廃藩置県を成し遂げ、一八八五（明治一八）年内閣制度が成立すると、最初の外務大臣となり、その後、農商務、内務、大蔵大臣などを歴任。鹿鳴館建設し、三井の大番頭ともいわれる。

大隈重信（一八四九～一九二二）

佐賀藩の会所小路に生まれる。藩校弘道館で学ぶが、南北騒動が起こり首謀者として退学させられる。蘭学を学ぶため、長崎に出てフルベッキの弟子となる。その後、長崎に英学塾「致遠館」を設立。維新後新政府に出仕し、一八七〇（明治三）年参議、大蔵卿など歴任し、一八八二（明治一五）年には立憲改進党を結成する。後に二度、総理大臣に就任した。東京専門学校（後の早稲田大学）を創設する。

湯浅治郎（一八五八～一九三二）

新島襄から洗礼を受けた日本での最初の弟子、安中教会設立。家業の有田屋の経営の他、群馬県会議長、群馬県選出の衆議院議員、日本鉄道会社の副社長など政財界で活躍。新島襄亡き後、多年同志社理事として、学校の財政基盤を確立した功労者。

徳冨蘇峰（一八六三～一九五七）

熊本県水俣に生まれた。本名は猪一郎。同志社に学び、新島襄から受洗するも後に棄教。熊本に帰り、大江義塾を開設。一八八六（明治一九）年上京し、義兄の湯浅治郎の支援を受け、民友社を設立。「国民の友」

「国民新聞」を発刊し、社長兼主筆として健筆を振るう。新島襄を生涯の師と慕い、同志社大学設立運動には献身的に協力した。「近世日本国民史」の他多数の著書がある。

金森通倫（一八五七～一九四五）
「熊本バンド」の中でまっ先に同志社に入学し、新島襄から洗礼を受ける。卒業後、岡山伝道の成果を買われて、同志社教師に招聘され、新島に代わって校長代理、大学設立運動でも活躍。新島の後継者と目されたが、新島の「遺言」中の金森に関する人物評が原因で同志社を去り、東京で伝道に従事する。

加藤勇次郎（一八五七～一九三四）
「熊本バンド」の一人、同志社の第一回卒業生。同志社女学校の教員を経て、オベリン大学へ入学、群馬県の前橋英学校の設立に関与し、初代校長。同志社の初代校友会長となる。

＊政・財界寄付者の説明

岩崎久弥（一八六五～一九五五）
三菱創業者弥太郎の長男四代目総帥、慶應からペンシルバニア大留学。キリンビールなどを創設。

岩崎弥之助（一八五一～一九〇八）
弥太郎の弟、二代目総帥、長男小弥太が一九一二（大正元）年、成蹊学園を親友、中村春二と今村繁三と創る。

益田孝（一八四八〜一九三八）

三井財閥を支えた実業家。新潟出身で、井上側近として、三井グループ各社の経営にタッチ。三井物産の初代社長。

田中平八（一八三四〜一八八四）

渋沢栄一の直系。東京株式取引所を設立。東京米商会所（後の穀物取引所）初代頭取。

大倉喜八郎（一八三七〜一九二八）

大倉財閥の創設者。大倉組（現大成建設）、大倉商事など設立。一八九八（明治三一）年、大倉商業（現・東京経済大学）を創立。

平沼八太郎

馬主、イスズ（天皇賞馬）、高額所得者。

五、総合大学設立の機は熟す

政・財界人説明会への出席者が当時の政財界の大物たちであり、注目したいのは、財界の演出家・渋沢栄一と以前から新島と親しい原六郎が六、〇〇〇円を申し出てリードしたという事実です。いずれにしても、この会合で総合大学の経営者として、新島が認知されたことを意味します。

いいかえれば、まさに、新島の学校経営の理念が彼ら全員から承認を得られたわけです。つまり、ベンチャー経営者として、投資家から認知されたことを意味します。後に、この理念が「同志社大学設立の旨意」（一八八八年一一月に全国の新聞・雑誌に発表）になるわけです。

また、この日のため、新島は周到な準備をしています。「設立の旨意」の骨格を固め、大隈と井上を、前年の一八八七（明治二〇）年に同志社に招き、今出川のキャンパスと開業したばかりの同志社病院、看護婦学校を案内し、大学構想を説明し、彼らもその実現性を評価していたのに違いありません。

さて、新島は七月の説明会の後、伊香保で一か月静養し、「同志社大学設立の旨意」のまとめをするとともに、当日欠席した大蔵大臣の松方正義宛に書簡を送り、「設立義捐金が六万円余の申し込みがあり、あと四万円を募って、せめて一〇万円を集め、アメリカのハリスからの一〇万ドルと合わせば二三万円に達するので、来年の国会開設を祝って、大学の設立も可能である」との見通しを述べています。

当時の政界は一八八五（明治一八）年に第一次伊藤内閣成立し、新島は**伊藤博文**総理ばかりか、**松方正義**蔵相、**森有礼**文部相、**黒田清隆**農商務大臣（第二代首相）という中枢に通じていて、理解と協力が得られる見通しがありましたので、あと二年存命していれば間違いなく私立・同志社大学は実現していたものと思われます。新島襄の事業素養としての人脈の豊富さが武器になったわけです。

1884年当時の新島襄

当時、文部省を通じて正式に私立大学の設立の名乗りをあげたのは同志社が最初でした。慶應義塾はあわてて、大学部を独自に開設すると発表し、翌年一月二七日に始業式を行いました。同志社は新島襄の死去で構想はいったん、挫折しますが、この慶應義塾の大学部に影響を与えたのは間違いありません。

当時、新島の大学設立活動では津田仙を除く教会関係者以上に経済人との交流の方が親密でした。関東での三井、三菱、大倉らの財閥系に続き、関西では住友財閥から住友吉左衛門の理解のもとで、**広瀬宰平**、**伊庭貞剛**が協議し三、〇〇〇円の寄付の申し入れがありました。このような経済界に頼る新島に対して、内村鑑三や**植村正久**らの宗教家から「新島は節操がない」という批判がありました。植村は「新島は洗礼を受けた企業的豪傑」と表現しています。確かに、純粋に宗教家であれば、このような批判は一面ではあたっていますが、それは事業家・新島襄を理解してない偏見に思えます。

学校経営で重要なのは、資金集めだけでなく、教育にあたる教授陣、生徒の募集、運営カリキュラム、教科書などの教材、施設の建設、研究設備、図書館などの充実など広範にわたるわけで、新島は率先してこれにあたりました。新島の残した資料を見れば明らかです。当時、こうした実務を含めて、大学経営をリードできる第一人者は新島襄でした。

「同志社大学設立の旨意」には次のような言葉が残されています。「諺に曰く、一年の謀は穀を植ゆるにあり。十年の謀は木を植ゆるにあり。百年の謀は人を植ゆるにありと。けだしわが大学設立のごときは、実に一国百年の大計よりして止むべからざる事業なり」と。

新島は大学設立のための基金募集には力を注ぎましたが、けっしてあせって事を運ぼうとしたわけではなく、一〇〇年、二〇〇年先を見据えて、成就を夢見ていました。

伊藤博文（一八三五〜一九〇九）
萩藩足軽十蔵長男に生まれ。松下村塾門下で、桂小五郎に従い東上して勤王諸士と交わる。一八六三（文久三）年にイギリス留学。維新後、岩倉使節団の副使となり、欧米視察。一八六八（明治元）年、参与から兵庫県知事・大蔵少輔・工部大輔などを経て明治政府中枢へ。その後初代内閣総理大臣になる。ハルピンで暗殺される。

松方正義（一八三五〜一九二四）
薩摩藩士。日本最初の大蔵大臣を経て総理大臣。金融制度で山本覚馬と、政界で徳富蘇峰と交流があり、同志社大学設立運動に協力を得る。深井英五が一時秘書官を務める。

森有礼（一八四七〜一八八九）
薩摩藩士。上野景範に英学を学び、イギリス、アメリカに留学。駐米代理公使の時、新島襄と会い、岩倉使節団へ誘う。第一次伊藤内閣の初代文部大臣となり学校制度の改正を行う。また私財により商法講習所（一橋大学の前身）を設立。憲法発布式典の日、暗殺される。

黒田清隆（一八四〇〜一九〇〇）

鹿児島生まれ。政治家、元老。父は鹿児島藩士。薩長連合の成立に寄与。戊辰戦争では五稜郭の戦いを指揮。敵将榎本武揚の助命に奔走。維新後は開拓次官、後に同長官として北海道経営にあたり、札幌農学校の設立。第一次伊藤内閣の農商務相をつとめた後、第二代総理大臣になる。

広瀬宰平（一八二八〜一九一四）

近江国野洲郡八夫村（現、滋賀県野洲市）に生まれる。元住友江戸店の支配方であった広瀬家の養子となる。一八六五（慶応元）年別子銅山の総支配人に昇進し、一八七七（明治一〇）年には住友家総理代人（後の総理事）に就任して住友の事業全般を総括することになる。大阪財界でも活躍し、一八九二（明治二五）年には民間人として、初めて明治勲章を受章した。

伊庭貞剛（一八四七〜一九二六）

近江国（現在の近江八幡市）に生まれる。司法省、裁判所勤務を経て、住友初代総理事　広瀬宰平に誘われ、住友へ入社。新居浜別子銅山における煙害問題の解決である。住友の総理事として経営の近代化を進め、グループ主要企業の基礎を築いた。住友グループの中興の祖。

植村正久（一八五八～一九二五）
幕臣の旗本の家に生まれる。明治、大正期のキリスト教の指導者。一八七三（明治六）年、バラ宣教師から受洗した。S・R・ブラウン塾に学び、牧師になる。東京下谷教会の牧師を経て、一八八七（明治二〇）年番町一致教会（富士見町教会）を設立。一九〇三（明治三六）年には東京神学社（東京神学大学）を創立した。

六、京都府知事・北垣国道との協力関係

新島襄にとって、京都府知事である北垣国道は同志社大学設立運動において、理解者であるばかりか最も信頼できる協力者でした。また公私にわたり、打ち解けあった親友でもありました。

一八九〇（明治二三）年一月、新島襄の死去する直前の一月一〇日、大磯で療養中の新島は**北垣国道**に宛書簡を書きました。内容は、前年一二月アメリカから帰国して理化学校で応用化学の教授となる下村孝太郎へ引見することを懇望する内容で、下村の知識が京都府下の職工にとっても利益になることを示唆していました。

さらに、二日後の二一日、新島は北垣に遺言を残します。それは、新島の悲願であった同志社大学設立運動への援助に感謝するとともに、今後の同志社の行末を気にかけてくれるよう懇請したも

のでした。

自分亡き後、新島が最も期待する弟子、下村孝太郎の支援を重ねて要請したものですが、それは北垣が新島の理化学教育に大きな期待をかけていたのを、新島はわかっていたからです。下村は、この後北垣の娘とくと結婚することになりますが、下村と北垣家の関係は、この新島書簡がきっかけで、始まるわけです。

それでは北垣国道とはどのよう人物かを簡単に触れておきましょう。一八三六（天保七）年生まれですから、新島より七歳年上で、坂本龍馬と同い年です。但馬国養父郡熊座村（現兵庫県養父郡養父町）で庄屋北垣三郎左衛門の長男として生まれました。七歳のとき養父郡宿南村の儒者池田草庵の門（青谿書院）に入り、漢学を中心に青年期まで学びました。同門には後に同じように新島と親交を結び、資金面でも支援する、北垣の遠縁の原六郎（当時は進藤俊三郎、後の横浜正金銀行頭取）がいました。

一八七一（明治四）年、北海道開拓使へ入り、この時、黒田清隆、榎本武揚との親交を得ます。その後、熊本県大書記官、内務省、庶務局長を経て、高知県令、徳島県令を兼官します。そして、一八八一（明治一四）年、北垣は第三代の京都府知事に任命され、一一年半の長きにわたって京都府政を主導していくことになります。

新島襄と親交は、北垣の知事就任直後から始まります。そして、早々に確立された二人の信頼関係は、新島および同志社に幸運に作用しました。新島自身も一八八一（明治一四）年一月、新島は、A・ハーディーに手紙を書き、新任の京都府知事が自分に会いたいといっていること、その際には京都における教育制度の改革案を出したいこと等を伝えています。

新島と北垣との関係が本格的に進展するのは一八八五（明治一八）年三月に新島が再外遊から帰国してから以降です。とくに一八八七（明治二〇）年知事の長男・北垣確《かたし》の教育問題に新島が本格的に関わって以降、特に親密さが増すことになります。北垣は息子について「智なく欲なく平々凡々たるもので幾度落第しても卒業までお頼みしたい」と新島に書簡を書いています。新島は北垣確の同志社英学校入学に応じ、海老名弾正から特訓をうけさせるため、熊本英学校にも派遣しています。

北垣自身が西洋文明を積極的に肯定、息子に英学教育を受けさせたいと思うのはごく自然で、浜岡光哲、中村英助や他の府会議員とともに同志社の教育に期待をかけたわけです。

北垣国道（提供：京都市上下水道局）

とりわけ、北垣が同志社の教育で期待をかけたのは、理化学教育でした。就任以来、知事は琵琶湖疎水工事を田辺朔郎とともに、全力をあげていて、同志社とも提携して京都の工業の発展を図るという道も当然考えたわけです。北垣の二人の娘（とく、静子）は、下村孝太郎、田辺朔郎と結婚しているのも運命的なものを感じます。

また、北垣が新島を通じて、アメリカの工業技術を取り入れようと相談しています。破石薬を琵琶湖疎水工事の関連でアメリカから取り寄せたのも新島です。

一方、一八八七（明治二〇）年、伊藤博文総理大臣夫妻が同志社を訪問した折、北垣知事は案内役をかってでるなど、新島の同志社には協力を惜しみませんでした。

また、北垣は同志社生徒に対する資金援助もしています。一八八二（明治一五）年、同志社生徒で鳥取県人、林拾が北垣を訪問し、学費補助を願い出ます。北垣は即答せず、翌日夜、新島宅を訪問し、内諾を伝え、再度訪問した林に対して、北垣は月々月謝・月俸・書籍料・小便金、合わせて五円を補助することを承諾しました。

新島と北垣の関係は、もちろん一八九〇（明治二三）年の新島の死をもって終ります。キリスト教徒でもない北垣がなぜここまで新島および同志社に協力したかは、両者の信頼関係を基礎にした相乗効果と友情であったように思います。時代は文明開化、自由と民主主義の時代であり、キリスト教容認と工業化が尊重された時代でした。北垣も新島も方向性としては同一方向を向いていたことは間違いありません。

北垣国道（一八三六〜一九一六）

但馬国生まれ。開拓権判事、元老院少書記官などを経て、京都府知事に着任。北垣知事も勧業政策に重きを置いたが、在任一一年の間、琵琶湖疎水建設、京都商工会議所創設など数々の実績をあげた。文字どおり骨を埋める覚悟で京都府の発展に力を尽くした。後に内務次官、北海道庁長官となり、晩年は「静屋」と号して京都で自適生活を送った。

田辺朔郎（一八六一～一九四四）

工部大学校（現・東京大学工学部）を卒業。土木技術者としての代表的業績は、琵琶湖疎水の設計、施工工事。日本で最初の水力発電所を蹴上に完成させた。京都帝国大学教授、京都市土木顧問などを歴任。

七、銀行家・原六郎の協力と支援

新島襄は原六郎とはボストンの同宿で知り合って以来、二〇年間の親交があります。また、原を語る時、新島を中心にして、北垣国道京都府知事、土倉庄三郎と四人の親しい関係と同志的結合を考えないわけにはいかないと思います。北垣は前述のように京都府知事として、新島とは密接な間柄であり、原とは多感な青年、同じ藩で生死を共にした同志でした。

土倉庄三郎は奈良県の山林王で林業界に貢献します。新島の大学設立の基金として、五、〇〇〇円を支援する一方、自由民権運動、**板垣退助**と親交が厚く、多額の支援をしています。富子の妹、次女政子はデントンのすすめでプリンマー・カレッジに留学、内田康哉外務大臣夫人になります。

三女大糸は川本恂蔵（同志社に学び、アメリカ留学後に同志社病院副院長、同志社理事）夫人、双子の四女小糸は佐伯理一郎の夫人となり、いずれも同志社女学校出身です。

原六郎はどうして新島の大学設立基金に巨額を拠金したかですが、それは新島の事業の成功を祈って、親友としてごく自然な行為だったように思えます。

さて、これほどまで親密な関係にある原と新島との初対面は、いつ、どこであったかですが、さいわい新島は一八七一（明治四）年九月六日、安中の父、民治宛の書簡の中に原との出会いを書いています。当時新島は北米アンドバー滞在中で、その書簡で弟、嬰六死去の悲報に接し、父母にたいする慰めの言葉をつづっています。

この書簡によりますと、弟・雙六と因幡藩の池田徳潤が同じ川田塾の塾生であることを知っていた新島は、弟の病気のことを聞くため、ボストンに来ていた池田と会いました。

その際、偶然に池田と同宿の原六郎と会いました。新島の書簡に「池田の同藩原長政」とあるのがまさしく原六郎です。

二人は、因幡藩からアメリカに派遣された留学生で、一八七一（明治四）年九月には二人はボストンに滞在していたのでした。新島は九月四日から九月六日朝までの三日間をボストンの池田の宿屋で原六郎と起居を共にしています。それ以来、新島と原の付き合いは続き、新島の没するまで、二〇年間両者の交際は続きました。

一八九〇（明治二十三）年一月二十二日の原六郎日記には、昨夜、徳富猪一郎からの電報で、新島が大磯で危篤状態にあるとのことを知り、原は午後一時に大磯に臨終直前の新島を見舞います。徳富とも面談し、徳富からすでに新島の遺言を書き留めたことの話があって、午後五時十七分横浜へ帰ったことが記されています。『原六郎翁伝』に、その時の新島の遺言が掲載されています。それは前日の二一日の日付で「謹て告別申上候、是迄同志社大学の為めには不一方御高配被成下候儀奉感佩候、小生没後も行末長く御心に懸け被成下度、乍此上懇請申上候」と記されています。

原六郎の足跡を辿ってみましょう。本名は進藤長政といい、但馬国朝来郡佐中村（現兵庫県朝来郡朝来町佐中）で一八五二（天保一三）年に生まれました。一八五五（安政二）年に養父郡宿南村の儒者池田草庵の門（青谿書院）に入門し、北垣晋太郎（後の京都府知事）と知りあい、一八六一（文久二）年に北垣らと農民兵を組織することを計画し、兵器調達中に生野挙兵があって敗れ、原は鳥取から長州へ逃亡しました。原は武士ではなく、いわゆる郷士でしたが、この事件後、進藤家の家系である藤原氏の「原」を逃亡中の変名として使用し、これが原の生涯の姓となります。一八六五（慶応元）年、二四歳で長州藩守備隊に参加し、幕府の長州再征に際し、これと戦い、一八六七（慶応三）年、山口の明倫館で大村益次郎にフランス式兵学を教わっています。

一八六八（慶応四）年、鳥羽伏見の戦い以後討幕戦に参加して、一八七一（明治四）年には因幡藩大隊長に任命され、大隊長として池田徳潤とともに欧米視察を命ぜられ、同年七月にアメリカに到着し、この年の九月四日にボストンで新島と遭遇したわけです。このまま軍人を続ければ、原の人生は大村益次郎の下での維新政府軍隊の育成に終わったでしょう。

藩から留学目的である軍事関係が解消されたのを機に、原は経済学、とりわけ金融論、銀行論に変更して留学を続け、イェール大学を卒業し、さらにイギリスに渡って、キングス・カレッジでこれを修め、一八七七（明治一〇）年五月に帰国しました。

原の留学中のアメリカは、南北戦争直後で貨幣相場が暴落していましたが、原は所持金で紙幣を銀行に預金し、その紙幣の高騰を待ち、倍額近い金を得てこれを基金に修学しました。このように、原六郎は商才に秀れ、機をみるのに敏で、まさに銀行家の素養を十分持っていました。まず因幡藩の有志と第百国立銀行設立に加わり、一八八三（明治一六）年に開業四年目の横浜正金銀行の頭取となりました。時に四二歳であり、これを足場に明治の実業界に進出しました。

一八八八（明治二一）年二月、原、四七歳のとき、奈良県吉野の山林地主で当時山林王と称された土倉庄三郎の長女富子と祇園中村楼で結婚式を挙げました。媒酌人は郷里の青谿書院での同門の北垣国道京都府知事であり、司式を新島襄が務めました。原にとって北垣は多感な青春時代に生死を共にした友人でした。その北垣は京都府知事として新島と知己の間柄で、大学設立について協力関係にありました。さらに、新島が同志社発展のために土倉庄三郎を頼りにし、大学設立基金も五、〇〇〇円の寄付を受けています。新島を中心に北垣・原・土倉はいわば友情でむすばれた同志的関係といえるでしょう。

土倉は自由民権運動の最大のパトロン的存在であり、とくに藩閥から除外された旧土佐藩系の運動家を庇護し、加えて板垣退助洋行費問題で、費用二万円を出したのは土倉庄三郎であるといわれます。

さて、外務大臣官邸での財界人への大学設立の説明会が開かれた際、原は婚儀の司式を果たしてくれた友人・新島の事業に深い関心をもって出席しました。そして財界の巨頭、渋沢栄一と同額の六、〇〇〇円の寄付を申し入れ、新島応援の旗振り役を務めました。

原六郎（一八四二〜一九三三）
但馬国朝来郡佐中村（現兵庫県朝来郡朝来町佐中）で生まれた。本名は進藤長政という。一八七一（明治四）年、因幡藩からアメリカへ派遣され、そのまま留学。アメリカのイェール大で経済学、金融論、銀行論を修め、一八七七（明治一〇）年帰国後第百銀行を設立、一八八三（明治一六）年横浜正金銀行頭取となった。四六歳の時、北垣京都府知事の世話で土倉庄三郎の長女富子と結婚。

土倉庄三郎（一八四〇〜一九一七）
奈良県吉野郡川上村に生まれる。造林業で財を成す。川上村村長。板垣退助の自由民権運動を支持し、支援。同志社大学設立運動を積極的に支援し、多額の募金に応じた。子女を同志社で学ばせる。新島襄の強い支持者。

板垣退助（一八三七〜一九一九）
高知城下（現・高知市）に土佐藩士・乾《いぬい》栄六の子として生まれた。幼名は猪之助という。自由民権運動の主導者として知られる。松方内閣の内務大臣などを経て、一八九八（明治三一）年、大隈重信と憲政党を結成し、隈板内閣をつくる。新島襄と親しく、キリスト教徒であり、同郷の片岡健吉（初代衆議院議長、後に同志社総長）の入信などに多大な影響を与えた。

八、勝海舟の支援と影響

新島襄の大学設立事業で、終生、新島の精神的な支えとなったのが、勝海舟です。

勝海舟は蘭学、海洋術を学び、咸臨丸を指揮して太平洋を横断、渡米した日本海軍の始祖であり、幕府方軍事総裁として、西郷隆盛と談判し、江戸城無血開城を成功させた功労者です。そして幕末から明治にかけて国家、国民感覚の新しい流れを創ったリーダーであり、薩長連合の立役者・**坂本龍馬**をはじめ、国家中心の大局的指導で多くの人材を育てました。

新島襄は盟友の津田仙の引き合わせで、一八七九（明治一二）年の二月一一日勝宅を訪問し、最初に会って以来、江戸と京都と遠距離にもかかわらず、合計五回会っています。

勝海舟（国立国会図書館「近代日本人の肖像」より転載）

二人はお互い同士に響きあうものをもっていたようで、勝海舟がキリスト教に理解があったのも二人を接近させた理由かもしれません。

一八八二（明治一五）年九月九日、三度目の面談時、新島は勝に揮毫を依頼し、「六然の書」を受けています。海舟は「六然居士」といわれたのですが、六然《りくぜん》というのは中国、明の時代、王陽明と同時代の人、崔銑《さいせん》（崔後渠《さいこうきょ》の異名）の格言で、次の六句を守って人生を生きていけば誤ることはないという教えです。

・自処超然《ちょうぜん》（自ら処すること超然）…自分については、いっこうに物にとらわれない。
・処人藹然《あいぜん》（人に処することあい然）…人に接するときには常に好意をもって接する。
・有事斬然《ざんぜん》（有事には斬然）…事があるときはぐずぐずしないで活発にやる。
・無事澄然《ちょうぜん》（無事には澄然）…事なきときは水のように澄んだ気でおる。
・得意澹然《たんぜん》（得意にはたん然）…得意なときは淡々とあっさりしておる。
・失意泰然《たいぜん》（失意には泰然）…失意のときは泰然自若としておる。

今も当時のままの新島旧邸の書斎に「六然の書」がかかげられています。

最後の面談は一八八八（明治二一）年一〇月一二日で、午後五時から九時に及んでいます。この

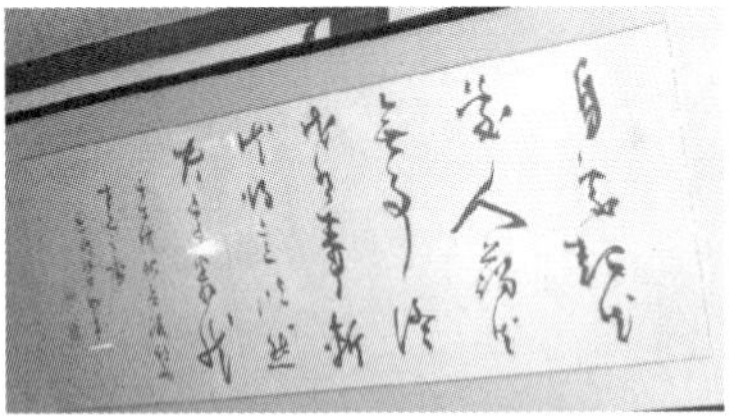
新島旧邸にある六然の書

時ようやく、新島からの依頼を受け、勝は同志社大学設立の募金については、「応分之寄付もなすへく又周旋も致すへき旨」の承諾をしています（『新島襄全集』第五巻）。

勝は新島に対して手厳しい文句、助言を遠慮なくいい、あまり急いで突き進まないよう忠告もしましたが、進んで他への周旋を言い出すなど協力も惜しみませんでした。

慶應義塾の福澤諭吉からの寄付申し出を断ったのと比べると対照的で興味深いものがあります。

一八八八（明治二一）年一一月七日、全国の新聞に、大学設立趣意書「同志社大学設立の旨意」が公表されました。そこには勝海舟の名が入っています。井上馨、大隈重信、後藤象二郎、青木周蔵等と並べて「吾人が志を翼賛せられ、之れが為に周旋の労を厭はれず」という支援者として例示されました。

一八九〇（明治二三）年一月、新島は大礒で客死しました。同志社は新島八重、小崎弘道、金森通倫、徳富蘇峰の連名で関係者へ通知され、もちろん勝海舟にも届けられました。

京都東山・若王山の新島襄の墓石には勝の揮毫で、表面の「新島襄の墓」と裏面には「友人勝安芳（海舟）、新島氏の長眠を悼して追想のあまり之を書す」としるされています。

勝海舟（一八二三～一八九九）

江戸本所亀沢町に生まれる。一八五五（安政二）年蕃書翻訳係に採用され、後に長崎に設立の海軍伝習所に派遣され、四年後には軍艦操練所教授方頭取となった。万延元年（一八六〇）年）、遣米使節の随行艦咸臨丸を指揮して太平洋を横断し、渡米する。海軍操練所を経て、一八六四（元治元）年、軍艦奉行となり安房守と称した。海軍操練所では広く諸藩の人材を教育し、坂本龍馬が門弟となった。幕府側と倒幕側の間に立ち、一八六八（明治元）年、海軍奉行並、陸軍総裁として西郷隆盛と会見し、江戸無血開城を実現しました。維新後は海軍卿・枢密顧問官などを歴任した。著書に『開国起源』『吹塵録』などがある。

坂本龍馬（一八三六～一八六七）

土佐藩士（後に脱藩し、郷士）。一八五三（嘉永六）年から江戸の千葉道場で剣道を修める。一八六一（文久元）年、武市半平太の土佐勤王党に参加したが、翌年脱藩した。江戸に出て、幕臣で蘭学者の勝海舟の門に入り、強い思想的影響を受け、のちに勝海舟が主宰する神戸海軍操練所の設立に参画する。西郷隆盛・木戸孝允・横井小楠らと親交を結び、一八六六（慶応二）年一月、薩長連合の盟約を成立させる立役者になる。この間、長崎に海援隊を作って海運業を起す。一八六七（慶応三）年、大政奉還を実現させる。同時に「船中八策」を構想し、新政権実現に努力中、京都の近江屋で暗殺される。

九、事業家・新島襄の魅力とリーダーシップ

現在では、会社、団体では最初に組織ありきで、組織力が重視され、リーダーシップも組織を動かし得る調整能力が欠かせません。一方、明治期では個人の持つ魅力、カリスマ性に同志が集まり、やがて団体グループが形成され、一つ目標のもとに結集される過程をとりました。つまり、「人たらし」はリーダーに必要な条件でした。「人たらし」という言葉は司馬遼太郎の造語ですが、司馬は、太閤秀吉の成功を「人たらしの天才」として描き、その特長として、滴るような笑顔、気配りに満ちた贈り物と接待そして褒め上手、その上何よりも人間そのものの魅力をあげています（「司馬遼太郎日本のリーダーの条件」『文藝春秋』二〇〇八年七月号）。

新島襄と親交のあった木戸孝允は「事をなすのは、その人間の弁舌や才智ではない。人間の魅力なのだ」といっています。

木戸孝允は一八七一（明治四）年に岩倉使節団で渡米時、新島襄にあって以来、彼を信頼していました。その当時の木戸孝允の日記に、「新島ハ余此地ニ至り彼ト始メテ談話ス。彼ノ厚志、篤実、当時軽薄浅学ノ徒、漫リニ開化ヲ唱ウル者ト大イニ異り、余彼ト交ワル自ラ旧知ノ如ク基益ヲ得ルコト不少、後来頼ム可キノ人物ナリ」と書いています。

確かに事業家の素養と中で、個性的なトップの魅力に加え、強力なリーダーシップによって、運を呼び込む自らの素養に負うところが大きいといえます。特にトップに欠かせないのは、すばやい意思決定と決断力です。

さて、リーダーの期待される事業素養とどういうことをいうのでしょうか。それは強烈な個性と情熱で組織を引っ張っていくリーダーシップです。カリスマ的で、独自の価値観や倫理観で、組織全体を活性化させ、社員を一種の陶酔状況に導くことです。

新島襄をみる時、前項までのように、政・財界人との間で、理念を共有できる同志を着実に増やしていった、率先垂範の行動力は見事でした。自身の体力の限界を超える程でしたので、多くの友人たちから支援をえられたのは事実です。「この創立者なら、一緒に仕事をやっていきたい」「新島襄を応援したい」という気持ちを組織内・外に与えたことは間違いありません。

また、次章で述べますが「自責の杖事件」は、校長たる自分を「不行届と不徳」を責めるといって、持参した杖で、自らの手のひらを殴打するという事件でした。生徒に「規則の重んずべき」を教え、一方生徒側と学校当局どちらについても問題が残りました。

平素、学校を留守がちであった新島にとって、選択した意思決定と決断はこれ以外になかったのです。

新島をよく知る安部磯雄は「先生の人格は武士道の精神に基督教の磨きをかけたものではないか」

といっています。

リーダーシップは目標を達成するための行動を引き出す能力のことをいいますが、リーダーシップの発揮のしかたはさまざまであり、重要なのはリーダー個人の情報、知識、必要な諸資源を集めたスキルと人材育成術です。そのためには演技力も必要になるでしょう。

「自責事件は大芝居」という的外れのことをいう人がいますが、リーダーシップの本質を理解していない批判といわざるを得ません。

リーダーたる指導者は苦難から逃げてはならないのです。「職責を果たし、火中の栗を拾う」覚悟で乗り込み、「難事には自ら率先して事に当り、難事が去れば自ら退いて後任に譲る」という気概が必要です。「自責の杖事件」はまさに新島の指導力を示す一例であると思います。

第二章　新島襄の知育・徳育並行教育の理念

一、「西国立志論」とプロテスタント系私学の誕生

日本人によるキリスト教主義の私学の設立は新島襄の同志社の開学が先駆けになりますが、明治初期には著名なプロテスタント系私学が相次いで設立されるようになります。

一八七〇（明治三）年に発刊された**中村正直**の『西国立志編』の影響もあり、一般市民の教育への関心が高まったことも背景にあります。西国立志編はイギリスのサムュエル・スマイルズの「自助論」の翻訳本ですが、当時、数十万部売れ、ベストセラーになりました。この書は「天は自ら助くるものを助く」という信念を思想的根幹とした教訓とその実例とされる歴史上の人物三百数人の成功立志談を説いたものです。その内容はイギリスプロテスタンティズムそのものであり、中村の翻訳の名文で「独立心を持て」「依頼心を捨てよ」「自主的であれ」「誠実であれ」「正直であれ」と

いった徳目が多くの読者に共鳴を生みました。

中村正直は幕臣ですが、昌平黌《しょうへいこう》出身の英才で、一八六六（慶応二）年イギリスへ留学し、幕府崩壊とともに帰国しました。その後、同人社を開設したり、森有礼の明六社へ参加するなど、明治の教育界で活躍しました。新島にも同人社への協力依頼がありました。

さて、組織的なプロテスタント系の教育機関が展開されるのは一八七三（明治六）年です。アメリカ聖公会宣教師のC・M・ウイリアムズは一八七三（明治六）年にキリスト教禁令が撤廃されるとただちに活動を開始し、翌年には東京築地明石町に「立教学校」を創設しました。これが立教大学の源流になります。

ウイリアムズは、伝道者として横浜クライスト・チャーチ、（現在の山手教会）の建立者でもあり、そして「立教建学の父」としてキリスト教にもとづく私学の創立者でした。

現在、立教大学を始め学校法人立教学院の諸学校の最初に「キリスト教にもとづく人格の陶冶を旨とし…」に明確にミッションスクールことを明記しています。

ウィリアムズ主教は、謙譲・克己・質素を生活の信条とし、「耐え忍んで待ち、人に仕え」「世の光・地の塩」たるべく、「道を伝えて、己を伝えず」、立教学院の建学の精神となっています。

次にメソジスト教会系ですが、一八七四（明治七）年にはアメリカのメソジスト監督教会から宣教師ドーラ・E・スクーンメーカーが派遣され、来日しました。**津田仙**をはじめ多くの日本人キリスト者の協力を得て、青山学院の源流となる三つの学校が創立されました。

まず、一八七四（明治七）年スクーンメーカーを中心に麻布新堀町に開校された「女子小学校」、一八七八（明治一一）年ソーパーを中心に築地に開校された「耕教学舎」、一八七九（明治一二）年マクレイを中心に横浜山手に開校された「美會神学校」です。この三つの源流が、変遷を重ねながら現在の青山学院一三〇年の流れへと成長していくのです。

女子小学校は、麻布本村町、築地居留地へと移転するごとに救世学校、海岸女学校と名称を変えながら存続し、東京英和学校の敷地に一八八八（明治二一）年東京英和女学校として授業を開始し、後に青山女学院に発展しました。

耕教学舎は、一八八一（明治一四）年に東京英学校と改称、翌年美會神学校と合同して東京英和学校になりました。一八八三（明治一六）年には青山に移り、一八九四（明治二七）年に青山学院と改称しました。

女学院と青山学院は同じ青山にあってそれぞれ独立した学校でしたが一九二七（昭和二）年、両学院は「青山学院」として合同し、現在に至りますが、社会情勢の変化、教育内容の変化にもかかわらず、一貫してキリスト教信仰にもとづく教育の伝統を踏襲しています。

次に、J・Cヘボンの明治学院は一八七七（明治一〇）年設立のブラウン塾を中心として、東京一致神学校が開設され、一八八六（明治一九）年には、東京一致神学校とヘボン塾の後身である東京一致英和学校、ヘボン塾で学んだ服部綾雄が設立した英和予備校が合併して明治学院となりました。一八八七（明治二〇）年、築地から白金（当時、白金村玉順）に移転、ヘボンは多くの有能な若者たちに、キリスト教精神を土台としたリベラルな学問の場を提供しました。

東京・築地に「東京一致神学校と明治学院発祥の碑」がありますが、ヘボン塾に始まった明治学院の流れは、ここ築地で、ミッション系の神学校と、英学塾系の築地大学校、東京一致英和学校等に発展拡大しました。そして、この築地の地から芝白金へ移転して現在の明治学院大学になりました。

ヘボン博士邸跡の記念碑は、横浜人形の家のすぐ隣、地方合同庁舎の前にあります。ヘボン夫妻のお家のあった場所だそうです。当時のヘボン邸の写真が開港博物館に残されています。

関西では一八七五（明治八）年に開校したアメリカン・ボード派遣の宣教師タルカット、ダンドレー両女史によって創られた神戸女学院が早く、一八八六（明治一九）年には南メソジスト教会のW・R・ランバスにより、関西学院が神戸市郊外の原田村（現在の神戸市灘区の王子動物園のある一帯）に創立され、最初は神学部と普通学校でスタートしましたが、現在は総合大学として関西私学の雄に発展しています。

前述したように、プロテスタント系の私学は、圧倒的に在日外国人宣教師によって創られわけで、日本人によるものは新島襄の同志社に、女子教育の澤山保羅の梅花女学園、成瀬仁蔵の日本女子大学校くらいです。

明治初期の知識階級の若者をとらえたプロテスタンティズムは、天下をとった薩摩、長州、土佐の士は少なく、今まで幕府側で、維新でわりを食った佐幕派の下級武士が多いようです。
中村正直も**明治六代教育家**の一人ですが、新島襄に、津田仙を加えた三人のクリスチャン教育家が当時の高等教育大きな影響を及ぼしました。

中村正直（一八三二〜一八九一）
東京麻布の生まれ。教育家。父は幕府の同心。昌平黌に学び、一八六二（文久二）年幕府の儒官となる。一八六六（慶応二）年幕府遣英留学生の監督として渡英。維新で帰国し、静岡に移り、『西国立志編』『自由之理』を翻訳刊行、ベストセラーとなる。一八七二（明治五）年上京し、大蔵省に出仕。一八七三（明治六）年、同人社を開設。一八七四（明治七）年、明六社の創設に参加。キリスト教にも関心を持ち受洗。女子教育・盲唖教育にも尽力した。一八八一（明治一四）年東京大学教授、一八八六（明治一九）年元老院議官。明治六大教育家の一人。文学博士。

津田仙（一八三七〜一九〇七）
下総国佐倉藩、堀田氏の家臣小島良親の四男。津田家の婿養子となる。早くから洋学を志し、蘭学、英学を修め、一八六七（慶応三）年正月幕府の勘定吟味役小野友五郎に随行してアメリカを視察。農法を学び、翌慶応七年「農業三事」を著し、最新農法の鼓吹普及に努めた。一八七六（明治九）年正月麻布に学農社農学校を開校した。また、青山学院の創立者の一人で、津田塾大の創立者・津田梅子の父。

明治六大教育家

明治期に近代教育を普及するに当たって功績の大きかった六人をまとめて称した。一九〇七（明治四〇）年、帝国教育会、東京府教育会、東京市教育会が主催して、全国教育家大会が東京蔵前高等工業学校（東京工業大学の前身）の講堂で行われ、次の六大教育家の追頌式が行われた。大木喬任（学制制定時の文部卿）、近藤真琴（攻玉塾を創立、工学、航海術で活躍）、中村正直（同人社を創立、西国立志編の翻訳者）、新島襄（同志社を創立、英語、キリスト教分野の逸材を教育）、福澤諭吉（慶應義塾を創立、実業家を輩出）、森有礼（明六社の発起人、文部大臣）。

二、自治・自立をめざした同志社英学校

当初の同志社はアメリカン・ボードの強力な支援を受けて新島襄が創ったミッションスクールだったので、前項のミッション系の高等教育と変わりませんでした。

しかし、当時は外国人の居住制限があり、アメリカン・ボードから見た場合、「内陸部」の京都に「京都ステーション」を設置することは難しく、宣教師（外国人教師）たちは日本人である新島に雇用される形をとることによって初めて、居住が認められました。当初、寺島宗則外務卿が同志社で教える宣教師に対して、免状を渋ったのは、同志社は外国人に支配されている学校ではないかという疑念があったからです。新島は寺島宛に、「外国人が同志社に金を寄付することと外国人が同志社

を支配することとはまったく別のことである」主張しました。しかし、その当時の経営の実権はボード側にあったのは事実です。

一方、京都居住の権利取得はボードとしても、魅力あるもので、日本ミッションと同志社とは、相互にその存在を依存し合う点で不可欠の、堅く結ばれたパートナーという関係でした。

しかしながら、一八七九（明治一二）年、同志社英学校の第一回卒業式が契機となり、同志社が「ミッション・スクール」であるかどうかをめぐって、宣教師の主導性がないという理由で、ボードと同志社の最初の論争が発生しました。

ではいつからミッション・スクールでなくなったかですが、それは熊本バンドの第一回卒業生である山崎為徳、市原盛宏、森田久萬人が日本人教師として加わったことから、一九三七（昭和一二）年九月とする見解が大勢のようです。教授陣の主導的な立場にいたラーネッドはその時以来「教授会」が学校教務の運営に関し、実権を握ったことを認めています。しかし、一八八七（明治二〇）年まではアメリカン・ボードから毎年補助金が支給されていたので、学校経営として名実ともに新島をキャップとして自立し、日本人主体の理事会運営となったのは一八八八（明治二一）年からということになります。

新島は遺言で「日本人教師と外国人教師との関係についてはできるだけ調停の労をとり、両者の協調を維持すること。これまで私は何回も両者の間に立って苦労した。将来も教職員の皆さんが日本人教師にこのことを示していただきたい」とボードの協調関係の維持を切望していました。

しかし、新島死去の八年後の一八九八（明治三一）年、横井時雄が同志社社長に就任した頃、学生に対する徴兵猶予の制度が学生募集を左右する問題になってきました。同志社の窮境を救うにはまず、徴兵猶予の特典を得る必要から、同志社の綱領「本社の維持する学校は基督教を以て徳育の基本とす」との一か条が障害となり、ついにこの一条を削除しました。もちろん、同志社の教育方針を変更しようとするものではありませんでしたが、その結果は同志社建学以来の精神、キリスト教主義を放棄するに等しいとして、教会信徒だけでなく、アメリカン・ボードの宣教師側の反対と非難が集中しました。

一方、同志社とボード・宣教師との対立は、一つには、学校運営に関する理解の相違にありました。キリスト教の宣教のために託された資金は、その目的に向って忠実に管理されなければならないというのがボードの主張であり、ところが同志社ではそれは学校に寄附された資金であり、理事会は学校を適切に管理するためにそれを運用すればよいと考えたのです。この見解の違いがボードや宣教師に不信の念を抱かせることになりました。

そのための解決策は、具体的にいえばボードからの財政的独立でした。さらには信条における自由は、日清戦争前後のナショナリズムのなかで、同志社が生き残るための自己防衛の主張でもありました。

一時は、部外者として新島と親しかった大隈重信が仲介に乗り出すほど、日米関係にも影響しました。この問題は戦時下でのキリスト教学校の形骸化など、今日のキリスト教界にもさまざまの教訓を残しました。

三、知育・徳育並行の同志社建学の理念

幕末、新しい時代の到来を予期した志士を中心にした英学ブーム、新技術の到来とともに、キリスト教による精神文化に触れることもようやく認知され始めました。

そのきっかけは岩倉使節団の解禁の働きかけでキリスト教が解禁されたことであり、そして直接的な出来事は、新島襄が帰国後の官許同志社英学校の設立でした。

日本のプロテスタントの歴史には大きくは二つの流れがあります。一つは三人の外国人宣教師、J・C・ヘボン、S・R・ブラウン、G・F・フルベッキの三人に始まる流れです。そうしてもう一つの流れが、新しい時代の到来をつげたキリスト教解禁とともに、帰国した新島襄のコングリゲーショナリズムでした。

直接的な出来事は、新島襄が帰国後の官許同志社英学校の設立でした。このことは一私学の設立という出来事にとどまらず、今まで認知されていなかったキリスト教主義私学を国として認めるこ

とだったわけです。その意味で、新島と木戸孝允、森有礼、田中不二麿との交友関係もさることながら、新たな精神文化を日本へ持ち込んだ新島襄の固い信念が実を結んだといえましょう。

明治のこの時代に新島ほど、アメリカ事情を知る者はいなかったし、まさに、アメリカ人と変わらない知識人でした。福澤諭吉は旅行者として欧米の事情を知りましたが、新島は留学生として知ったのですから大きな違いがあります。その上、岩倉使節団で欧米の教育事情を視察し、見聞を高めた新島に強く、関心を抱き、注目していたのが、日本人では木戸孝允と森有礼でした。新島が帰国後の日本での活躍を一番期待したのはこの二人と、田中不二麿でした。

帰国後、文部省へ高級官僚として、強く誘われますが、自らの自由、自立、自治の実現をめざして、独立、私学設立の道を選びます。

新島襄は日本改良をめざし、あらゆる分野に有能な人材を供給する教育事業として、総合大学の創設を考えたわけです。その第一歩として同志社英学校を興しました。

新島襄はなぜ大学を創ろうとしたかは前章で述べましたが、企業でも創立者の会社設立の理念があり、その理念にもとづきビジネスプランが立てられ、株主の承認を得ることになります。個人事業主の場合は、一般に公開せず、自己資金の範囲内での事業展開があり得ます。しかし、私立大学とはいえ、学校は公的な色彩が強く、学生を募集する上でも建学の精神やカリキュラム、教授陣、校舎・設備など公開する必要があります。

新島は同志社英学校の建学の目的として「独り普通の英学を教授するのみならず、其徳性を涵養し、其品行を高尚ならしめ、其精神を正大ならしめんことを勉め、独り技芸才能ある人物を教育するに止まらず、所謂る良心を手腕に運用するの人物を出さんことを勉めたりき」と述べています。

さらに、「同志社教育の目的は、神学、政治、文学、自然科学などいずれの分野に従事するにせよ、どれもはつらつたる精神力があって真正の自由を愛し、それによって国家につくすことができる人物の養成に努めること」と遺言しています。

つまり、普通の英学（実学）として「知育」だけでなく、精神的豊かさとしての「徳育」の重要性を強調し、良心を手腕に運用する人物の育成を念願しています。

それを実現する大学は官立大学では不可能で、「人民の手に拠って設立する」自治、自立の私立大学の方が有利であると考えたからです。

四、同志社大学設立の旨意を公表

新島襄は英学校の設立後、政治、法律、理化学、文学、医学、宗教を含む総合大学の設立に向けて、徳富蘇峰の協力を得て、大学設立の趣旨をまとめ、一八八八（明治二一）年、新島襄は二〇をこえる新聞、雑誌に「同志社大学設立の旨意」（以下「旨意」と略す）を公表して、募金活動を大々的に展開しました。この文章は、前半で同志社諸学校開設に至る経緯を語り、後半で今なぜその上に大学が必要なのか、いかなる大学であるべきかを論じています。なぜ新聞雑誌を通じて天下に訴えたかといえば、新島襄は私立大学を「人民の手に拠《よ》って設立」することを考えたからです。

以下「同志社大学設立の旨意」の抜粋です。

…（同志社の）目的とする所は、独り普通の英学を教授するのみならず、其徳性を涵養し、其品行を高尚ならしめ、其精神を正大ならしめんことを勉め、独り技芸才能ある人物を教育するに止まらず、所謂る良心を手腕に運用するの人物を出さん事を勉めたりき。而して斯くの如き教育は、決して一方に偏したる智育にて達し得可き者に非ず。唯だ上帝を信じ、真理を愛し、人情を敦くする基督教主義の道徳に存することを信じ、基督教主義を以て徳育の基本と為せり…

…人民の手に拠って設立する大学の、実に大なる感化を国民に及ぼすことを信ず、其生徒の独自一己の気象を発揮し、自治自立の人民を養成するに至っては、是れ私立大学特性の長所たるを信ぜずんば非ず

…一国を維持するは、決して二、三英雄の力に非ず。実に一国を組織する教育あり、智識あり、品行ある人民の力に拠らざる可からず。是等の人民は一国の良心とも謂ふ可き人々なり。而して吾人は即ち此の一国の良心とも謂ふ可き人々を養成せんと欲す。吾人が目的とする所実に斯くの如し。

このように、新島襄は同志社でキリスト教主義をバックボーンとして、「良心教育」を標榜しましたが、具体的には次のような「自主・自立・自治」が教育理念の根底にあります。

「独自一己の見識を備え、仰いで天に愧《は》《じ》ず、伏して地に愧《は》《じ》ず、自ら自個の運命を作為する如き人物を教養し、一国の精神となり、元気となり、柱石となる、知識あり品行あり、自ら立ち、自ら治むる、一国の良心と成る可き人々」といっています。

この「一国の良心と成る可き人々」願望した新島の真意こそ、教育の原点といえるでしょう。時代は政治、経済、文化そして産業界に知育、徳育を兼ねそなえた人材が要求されていました。単に物質文明に満足だけでなく、精神的満足感を同時に得られる社会を創るためです。

新島襄の国家観ついては「設立の旨意」にも触れているように、「平民国家」、民主主義国家です。「政府転倒するも、人民必らず国を維持し、日本ネーションを失わざるべし」と書いています。つまり国家と政府を明確に区分し、明治政府を批判しながらも、国家（ネーション）を尊重すべしと説いています。そのときの国家イメージとは民主主義国家でした。

五、平等主義とコングリゲーショナリズム

建学の精神であり、新島精神といえるものはキリスト教主義、ピューリタニズムにあります。民主主義とピューリタン精神に共通するものは権威主義、社会的な不平等に対する批判と抵抗の精神

であり、人格の尊厳、良心、平等、自由、自立、自治の精神です。それは観念的なものではなく、実践的な行動をともなったものです。

新島襄はアメリカで勉学中、そして岩倉使節団で欧米の教育事情を視察の際、パプテスト、メソジスト、長老派のプロテスタントの教会に限らず、モルモン教、ユダヤ教さらにカトリック教会に出向き、研究し、自ら理解に努め、その結果コングリゲーショナリズムの会衆派教会こそが最も自分にとって相応しい教会であると確信します。同志社大学の野本真也教授はその事実を調査し、さらに新島襄晩年の言葉「自分の生涯の目的は自由教育、自治教会、両者並行、国家万歳である」をあげ、これはコングリゲーショナリズムのスピリットからほとばしり出た言葉であり、同志社スピリットの源泉をさぐっていけば、コングリゲーショナリズムのスピリットにたどり着くといっています。したがって、新島の理想とした人間教育は、キリスト教とデモクラシーを基本とし、知育を重視しながらも、知育に偏することなく、知育を正しく運用することができる品性の陶冶に重点を置き、それをキリスト教とコングリゲーショスリズムに求めたわけです。

新島から洗礼を受け、終生、師として信奉した**安部磯雄**は、その著書で、自伝でもある『社会主義者となるまで』の中で、新島襄のコングリゲーショナリズムの思想、理念について、具体的例をあげて、次のように書いています。

「先生はデモクラシーの精神に徹底し、その実行者で、同僚の教師から学生、車夫、小使に至るまで〝何々さん〟と呼ばれ、自分に対して〝先生〟と呼ばれることを好まず〝私共は紳の前に兄弟だから、今後皆さんどうか私を新島さんと呼んで下さい〟といわれたが、皆もこれだけは服従しなかった。一七年先生は欧米漫遊の途ローマから通信を送られた。その中に、ローマ法皇に面会したいため手続きを調査したら、法皇に面会する者は必ずその前にひざまずいて敬意を表明しなければならねことを知り、法皇に面会することを断念したとあつた。〝私の膝は法皇の前で曲げるには余りに固すぎる〟というのがその理由であった」。

この中に新島の民主主義に徹した平等主義や権威主義への抵抗が滲み出ています。

安部磯雄も「新島先生の生涯はまったく平民主義で一貫して居るといふても過言ではあるまい。若し先生に最も嫌いのものがあつたとすれば、それは貴族主義と官僚主義であつた」と師を見る目は確かであり、コングリゲーショナリズム（会衆主義）のまさに裏づけた例証です。

安部磯雄（一八六五〜一九四九）
福岡生まれ。一八八〇（明治一三）年同志社卒業。ハートフォード神学校（アメリカ）からベルリン大学に学ぶ。一八九五（明治二八）年帰国後、同志社教授を経て東京専門学校（早稲田）の教授となる。一八九九（明治三二）年野球部を創設した。キリスト教的社会主義者で、一九〇一（明治三四）年幸徳秋水らと社会民主党を結成。一九四六年日本学生野球協会初代会長就任。戦後の片山哲内閣の生みの親。

六、偶儻不羈の学生を大事にする

偶儻不羈という四語は江戸期、明治期の知識人ごく普通の言葉で、合言葉のようです。独立不羈と同義語でも使われていました。ある種の独創家、独志の人、奇骨の人、独立心の高い人格を指します。もっと丁寧にいうと「常軌では律しがたいほど独立心と才能あふれる人格」ということができます。

新島襄は「偶儻不羈なる人物」である生徒」が好きであり、できるだけ彼らの本性に従って個性を伸ばすようにして天下の人物を養成すること、を遺言しています。

第一章で登場した、新島襄への協力者は概して偶儻不羈といえるでしょう。大隈重信は自叙伝『大隈侯昔日譚』の中で自分の出身藩である佐賀藩の勤勉主義の藩風について「一藩の人物を悉く同一の模型に入れ、為に偶儻不羈の気象を亡失せしめたり」といっています。

新島襄から直接教育を受け、影響を受けた逸材に群馬県出身で、第一三代日本銀行総裁をした**深井英五**もその偶儻不羈の一人でした。同志社卒業生のほとんどが知

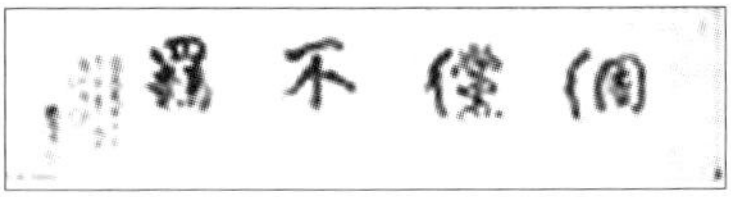

司馬遼太郎が同志社来校時に揮毫

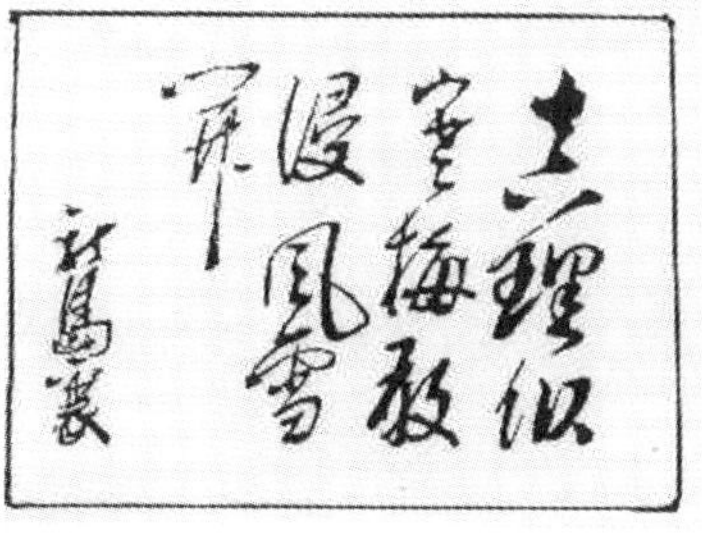

寒梅の詩（新島襄が深井英五に贈った）

深井英五

っている「真理似寒梅、敢侵風雪開」という有名な新島襄の句は新島が深井に自宅で色紙に書いて渡したものです。

深井はブラウンの奨学金により、晴れて一八八六（明治一九）年九月、同志社普通学校へ入学します。奨学金は学校納付金の半額（食費相当額）で、毎月、新島の私宅で直接手渡されました。新島夫妻は深井が同志社時代、私的にもよく面倒をみたようで、一般修養でも「深井さん、一生は長いから急がずやりなさい」「健康を害さないように注意しなさい」とよく声をかけ、自宅の庭の果物を枝付のままで折って与えたり、休暇の旅行費を与えたりしたようです。新島はかつて自分がアメリカでハーディー夫妻にされたことと同じことを深井にしていたようです。

深井は『回顧七十年』の中で「私の一生に於ける進路の方向を決したる最大契機として挙ぐべきものが三つある。一は、新島襄先生の眷顧により同志社教育を受けたること、二は、徳富蘇峰先生の指導により国民新聞の門を経て世の中に出たこと、三は松方正義公の知遇により大蔵省及び日本銀行に就職したことである。人生の心構へについては新島先生に負う所が最も多く、学究的傾向から移って社会の実勢に関心を有つようになったのは主として徳富先生の感化により、財政経済の方面に実行の立場を与えられたのは松方公のお陰である」と三人の恩師の存在が大きかったことを述懐しています。

日銀総裁時は倜儻不羈の国際人として、得意の金融財政、語学力を活かし、初の外債発行、パリ講和会議はじめ多くの国際会議に出席するなど期待に応えました。

また、二・二六事件では、軍事費削減に反対する軍部の反対が強く、ついに青年将校が暴挙にて、**高橋是清**蔵相が殺害されました。高橋へ進言した深井も覚悟し、門を開き不退転の決意で死を覚悟していたそうです。

新島襄は授業料の納入が困難な貧しい一人の生徒のために、京都府知事にかけあって知事のポケットマネーから個人的に奨学金を出してもらったことがあります（「新島襄が京都府知事、北垣国道にあてて出した手紙」一八八二年一〇月一八日）。

このように、教育者としての新島は大変生徒を思う気持ちが強い校長で、「ひとりは大切」がモットーでした。一大決心をして留学した下村孝太郎の留守家族を心配し、金銭的な支援までしています。また、個性の強い熊本バンドの学生たち、気骨のある倜儻不羈の生徒が好きでした。中途退学者の行く末を案じて、手紙を出したりしています。徳富蘇峰にいたっては、むしろ退学後、親密感を増しています。

さらに、校則にいたっては「法三章」を理想とし、生徒を細かい規則でしばらずに、規則はできるだけ少なくし、生徒が自在に行動できるような学園作りを心がけました。

弱者も少数者も大事にするが、一方で倜儻不羈の気骨ある青年を型にはめることを嫌いました。

深井英五（一八七一〜一九四五）
旧高崎藩士の深井景忠の五男として高崎市に生まれる。一八八六（明治一九）年、ブラウン奨学金に選ばれ、同志社普通学校入学。直接、新島襄から教えを受け、デントンから英語の教育を受ける。卒業後、蘇峰の民友社、国民新聞へ入社。外報部長を経て、大蔵大臣松方正義の秘書官へ転ずる。一九〇一（明治三四）年、日本銀行へ入行。営業局長、理事、副総裁を経て第一三代総裁に就任。

高橋是清（一八五四〜一九三六）
東京都出身、銀行家、政治家。一八六七（慶応三）年から三年間アメリカへ留学。帰国後日本銀行へ入り一九一一（明治四四）年、総裁。山本内閣、原内閣で蔵相。一九二一（明治五四）年政友会総裁、内閣を組織したが一年あまりで総辞職。つづいて犬養、斉藤、岡田内閣の蔵相として、満州事変のもとで、軍部と金融資本の妥協をはかろうとしたが、二・二六事件で暗殺された。

七、「自責の杖」にみる教育姿勢

新島襄の教育理念で、最もよく表れたのが、有名な一八八〇（明治一三）年の「自責の杖事件」です。事件の発端はクラスの合併問題でした。四月に二年生の上級と下級の授業を合併することが決定されたのに対して、上級クラスの生徒が反発し、これに当事者でない最上級の徳富蘇峰らが加担し、学園ストに発展したものでした。新島は全校の朝礼で、校則を破った生徒たち、対応に手抜かりのあった教員を責めずに、校長たる自分を「不行届と不徳」を責めるといって、持参した杖で、自らの手のひらを殴打するという事件でした。生徒に「規則の重んずべき」を教え、両眼に涙を浮かべ、杖は八、九本に折れるという衝撃的な出来事でした。

生徒のことを優先的に考える新島の教育姿勢がよく表れています。事件の際に新島が披露した和歌があります。「吉野山花咲くころの朝な朝な心にかかる峰の白雲」で、これは遺言でも再び取り上げられました。生徒を満開の桜にたとえたこの歌に、新島が生徒を想う気持ちがよく込められています。

司馬遼太郎は『「明治」という国家』の中で「新島という人は、エキセントリック（性格などが風変わりなこと）というより、自分で自分を責めてそのあげくに自分を鼓舞してしまうといったはげしい性格をもっていた」と分析しています。司馬自身が新島襄を尊敬し、若い時、新聞記者をしている当時から同志社を取材していた時の感想です。

この事件で、新島にとって苦慮した点は、新島家の養子の新島公義が上級組の一人、それもリーダーであったことです。そして新島公義とともに徳富健次郎（蘆花）も名を連ねていました。結局この事件がきっかけで、徳富蘇峰は卒業を間近に控え、退学することになります。

さて、この事件の背景には、熊本バンド出身者間の対立がありました。**海老名弾正**、金森通倫らのバイブルクラスと大久保真次郎、徳富蘇峰らの同心交社です。智と徳の優位性をめぐって激しい議論があり、前者は道徳を主張し、後者は知識と道徳に対する優位を主張しました。結局、合併問題は解決しても、バイブルクラスとの長年の葛藤が尾をひき、その勢いに押され、大久保も徳富も中途退学の道を選びました。

蘇峰は京都第二公会へ退会を申し出、同志社退校はキリスト教離脱を意味しました。新島という人格への心酔は、この時、変質して敬愛の気持ちに変わったわけです。

新島にもこういう徳富を許す、心の大きさがあり、倜儻不羈の青年を見守り、将来を期待したのでした。

海老名弾正（一八五六～一九三七）

「熊本バンド」のひとり。同志社卒業後、安中教会や本郷教会（現弓町本郷教会）などで牧師を務める。同志社総長も務める。

第二章　新島襄が取り組んだ女子教育事業

一、女子高等教育の先駆けと人格教育の重視

教育制度が未整備であった明治初期に、キリスト教主義の私学が高等教育を牽引することになり、女子高等教育についても重要な役割を果たすことになります。

日本で女子高等教育の先陣は一八七五（明治八）年に前後して開校したアメリカン・ボード派遣の宣教師タルカット、ダンドレー両女史によって創られた神戸女学院と東京麻布に開設された女子学院（青山学院）です。続いて、一八七七（明治一〇）年には、創立者・新島襄がキリスト教主義、自治・自立主義、国際主義を建学の精神にかかげて、同志社女学校が京都府の認可を受け、正式に開校しました。そして、やや遅れて、一九〇〇（明治三三）年津田梅子による女子英学塾、吉岡弥生の東京女子医学校、翌年には**成瀬仁蔵**の日本女子大学校、一九一八（大正七）年には北米のプロ

テスタント諸教派の援助のもとに、東京女子大学が設立されました。同大学は**新渡戸稲造**が初代学長、**安井てつ**学監で東京淀橋（現在の新宿）の校地に開学しました。

こうして日本の女子教育の黎明期には私立の女子専門学校が女子高等教育をリードすることになります。一方、明治政府も学制改革で、一八七四（明治七）年、東京に官立の女子師範学校を設立し、一八九〇（明治二三）年には高等師範学校から女子部を独立させ、女子高等師範学校が設置されるが、いずれも、教師養成が主たるもので、一般個人の知識高揚、地位向上の目的とはかけ離れていました。

女子高等教育で私立大学として正式に認められるまでには、一九一八（大正七）年に勅令で公布された「大学令」まで待たねばなりませんでした。

この時期の女子高等教育を貫く第一の特徴は、教養教育というよりも、「人格」教育の重視にあった。このことはたとえば多数の私立女専のなかでも一頭抜きん出た位置を占めた同志社女学校、日本女子大学校、神戸女学院、東京女子大学の教育方針をみれば、明らかです。

さて、新島襄は、アメリカ、ニューイングランドの大学を模範とする明確な大学像を最初から持っていました。たとえば、同志社はキリスト教主義、国際主義、そしてこのリベラル・アーツを教育の柱として幅広い分野の学問を通じて、豊かな人間形成をはかるというリベラル・アーツ教育、「自らを育む」ことをめざしました。

日本女子大学校は重要な教育目的として七項目をあげ、その項目の筆頭に「人格主義の教育の振興」をかかげ、実際にも校長による「実践倫理」の講義を教育の中心にすえていました。神戸女学院はキリスト教主義による「品性の陶冶育成」をめざし、東京女子大学は創学の理念として「キリスト教主義にもとづく人格教育の重視」をうたっています。いずれも創立者の教育理念が前面に出ています。

また、職業人の養成をめざす「職業」型の女専も、例外ではありません。津田英学塾は津田梅子の理念として外国語を通しての職業人の養成と同時に「オールラウンドウーマン」教育をかかげたし、吉岡弥生の東京女子医専は「すぐれた医師となるための鍛練主義教育」を強調しています。また昭和女子医専は、薬剤師の養成と同じ比重で「婦徳の涵養滴養と知徳の兼備」をかかげました。

以上の教育理念で明らかなように、こうした「知的」教育と並行し「人格」教育を重視したことに当初の女子教育の共通点があります。このことは「良妻賢母」主義と矛盾するものではなく、むしろそれを補強するものであったと考えてよいでしょう。

日本女子大学校の創立者、成瀬仁蔵は開校当初の教育方針を、「女子の特性特能を無視して、唯共通の人格を滴差すれば足れりとする議論の空疎なるが如く、女子の人格を無視し機械的に妻母の能力のみを訓練せんとする方針も偏っているため、人として、婦人として、国民として、三方面から女子を教育すべきである」と語っています。人格教育と女子教育、いいかえれば良妻賢母主義教育とが密接不離の関係にあることを強調しています。

またキリスト教主義にもとづく人格教育を中心にすえた東京女子大学の場合も、その例外ではありません。新渡戸稲造から学長のバトンタッチを受けた安井てつは、女子の高等教育の目的を「家庭の改造者として、又将来の国民の賢き母として社会に奉仕する」「国民の母の教育」にあると述べています。

一方、戦後の男女平等社会とビジネスの機会均等などにより、一般社会と産業界は、女性に新時代にふさわしい教養と、専門知識、技能を要求してきているのはご承知の通りです。そこで女子高等教育のめざす方向は、西欧的な女子教育観と伝統的なそれとを統合・折衷した人格教育、リベラル・アーツ教育が新時代に生きる女性の新しい「教養」教育となり、並行して専門分野、職業教育という、ビジネス社会に応える教育が時代の要請になってきました。

成瀬仁蔵（一八五八〜一九一九）
山口市で士族成瀬小左衛門の長男として生まれる。藩校憲章館を経て山口師範を卒業し、一八九〇（明治二三）年新しい展望を求めて渡米。新島襄の学んだアンドーヴァー神学校、続いてクラーク大学に学んで一八九四（明治二七）年に帰国。日本女子大学を創立する。「二十世紀は婦人の世紀である」と唱え、「信念徹底」「自発創生」「共同奉仕」を三大綱領とした。

新渡戸稲造（一八六二〜一九三三）

盛岡市鷹匠小路（現下ノ橋町）に生まれる。叔父太田時敏の養子となる。（後に新渡戸姓に復帰）札幌農学校二期生で入学し、卒業後、一八八三（明治一六）年東京大学選科生となる。アメリカのジョンズ・ホプキンズ大学へ留学後、ドイツのボン大学にて農政、農業経済学を勉強する。メリー・エルキントン嬢と結婚後、帰国し、札幌農学校教授となる。その後、京都帝国大学教授、第一高等学校校長などを経て、一九一八（大正七）年、東京女子大学の初代学長、同志社理事になる。一九二一（大正一〇）年、各国に請われて国際連盟事務次長として、ジュネーブで活躍した。

安井てつ（一八七〇〜一九四五）

一八九六（明治二九）年、イギリス留学中キリスト教の信仰を持ち、ケンブリッジ大学とオックスフォード大学で教育学・心理学などを学ぶ。女子高等師範学校教授を経て、一九〇四（明治三七）年から三年間シャム国の皇后女学校教育主任ののち、ウェールズ大学に学ぶ。一九一八（大正七）年、東京女子大学の創立にあたって学監に就任。一九二四（大正一三）年、二代目学長となる。

二、女子教育で社会的自立を促した新島襄

新島襄は一八七五（明治八）年の同志社英学校を創立に続き、その翌年の一八七六（明治九）年、キリスト教主義、自治・自立主義、国際主義を建学の精神にかかげて同志社女学校を設立しました。新島の最初からの構想は、アメリカのリベラル・アーツ・カレッジに範をとったもので、ハーバード方式でハーバード大学（男子）とラドクリフ大学(3)（女子）に分かれているのと類似した形態を想定していました。

まず、新島の女子教育を論ずる時、「新島の人格をかえた」といわれ、その出会いがなければ後の新島襄は存在しなかったといわれるニュー・イングランドの四名の女性の恩人、A・ハーディーの妻スーザン、ミス・ヒドゥン、フリント夫人、シーリー夫人の存在とその影響を無視できないと思います。この四人から「学問に男女の別なし」という考えと、人間尊重、男女平等の思想が培われました。したがって同志社設立後も、特別に教育上男女の差別をつけた表現を一切していません。

同志社女学校最初の校舎（1878 年旧二條邸跡に建設）

新島襄は女子教育の必要性、振興を認識し、情熱を持っていましたが、前述のように特に、男女を区別して考えていなかったのですが、外部で演説、発言した内容にふれてみましょう。

新島は飯田逸之助宛書簡の中で「女子も男子に斉しく学校へ遣し、算術、地理、窮理、天文等の学を教へ候間、此の国にて婦人の役に立つ事をびたゞし」一八六七（慶応三）年と記し、女子も教育を受け社会に役立つことを当然と考えるに至ったと述べています。

父君民治宛の書簡でも「小子は決して顔面の好美を好まず、唯だ心の好き者にして学問のある者を望み申候。日本の婦人の如くなき女子と生涯共にすることは一切好ましく存ぜず候」（一八七五年）としたため、日本伝来の婦徳を身につけ、同時に学問によって自己、社会、世界に対し客観的・理性的に目の開かれた女性を理想とし、そのいずれを欠いてもならないと述べています。

新島襄と妻・八重

外務卿寺島宗則宛一書では「襄、男子進学ノ如斯其レ敏ナルヲ視テ、改良ヲ期シテ待ヘキヲ楽ミ、首ヲ回シテ女子社会ヲ観レハ懐ニ悵然タルナキコト能ハズ、是ニ於テ女子モ亦教育ナカルベカラサルノ説ヲ主張シ、去歳四月ヲ以テ更ニ女学校ヲ設立シ、米国ノ婦人ヲ招キ、教訓ヲ委托セリ」（一八七八年）と説いて、女教師パーミリーとJ・ウイルソンの雇い入れ許可を求めています。

この寺島宛書簡では外国人女性宣教師の雇い入れ促進の依頼状とはいえ、新しく始まる女学校に外国人女教師が欠かせないことを述べていることが注目されます。知育のみにかたよらず品行をともなって範とするべき女性、信仰に生きてその信仰を教育の場で体現し得る教師としての外国人女性を、求めていたといえます。

さて、同志社ができてから三年後、一八七八（明治一一）年、新島は梅花女学校の開校式に出席して、新島はその祝辞で「女子教育は社会の母の母なり」と明言し、そして次のようにいっています。

キリスト教徒たるものは総て世の社会改良を計るものなれば、女子教育の如きは最も欠くべからず。金子を与えて結婚せしめるよりは、よき教育を与え、よき実価をつけて世に出さしめるべし、ここに至り初めて女子教育の必要を感ず。教育は他より良きものに勝る。天賦の良質を養成開発せしめるものなり。

大阪の梅花女学園は、新島襄より九歳年下の**澤山保羅《ぼうろ》**が設立しました。澤山はD・C・グリーンに影響を受けてアメリカで学び、牧師となり、帰国後、浪花教会を創り、新島を尊敬し、かつ影響を受けて梅花学園を創立しました。しかし、澤山が一八八七（明治二〇）年、三四歳で早死にし、同じ長州、山口出身の成瀬仁蔵が後を継ぎますが、成瀬がアメリカへ留学したため、同志社出身の新島門下、伊庭菊次郎が継承し、一一年校長を務めます。梅花学園における新島の存在は大きかったといえるでしょう。

　また、女子教育に関しての新島門下には、同志社女子部へ**宮川経輝**、神戸女学院へ吉田弥作、前橋英学校、共愛学園の加藤勇次郎、**不破唯次郎**らが育っていますし、そして**横井時雄**は日本で最初の女子の高等教育専門の奨学金を支給する「女子教育社」の立案者となっています。そして後に同志社の社長になっています。

　次に成瀬仁蔵は新島襄と梅花学園の澤山保羅から強く影響を受け、アメリカへ留学。新島の推薦もあってアンドヴァー神学校を卒業します。帰国後、一九〇一（明治三四）年、日本女子大学校を創立しました。二代目の校長は同志社出身の麻生正蔵が実質的な基盤をつくります。現在、同大学は同志社女子大学と学生交流をしています。

　さらに、一八八九（明治二二）年、女権拡張運動家で当時東京婦人矯風会の役員をしていた、佐々木豊寿が新島を東京の宿舎に訪ねた時、彼が語った言葉が彼女の追悼文の中に記されています。それによると、当時の高等普通教育を受けた女子が、それを有力な嫁入道具として結婚生活に入り、社会の進歩改良などにはなんらの関心を示さず、ひたすら夫へのサービスと子女の養育にのみ専念して事足れりとしている状態に対して、新島は憤懣を示し、彼の女子教育に対する熱意と、一層の女性解放運動を奨励しました。

澤山保羅（一八五二〜一八八七）
長州吉敷村（現在の山口市吉敷）で、下級武士の長男として生まれる。「保羅」は使徒パウロに由来し、本名は馬之進。明治維新後、宣教師D・C・グリーンの影響を受け、一八七二（明治五）年、アメリカのノースウエスタン大学予科に留学。帰国した一八七七（明治一〇）年に日本初の自給教会「浪花教会」を設立し、日本で最初の牧師となる。翌一八七八（明治一一）年には、キリスト教精神にもとづく教育によって育成しようと梅花女学校を設立した。

宮川経輝（一八五七〜一九三六）
「熊本バンド」の一人。同志社卒業後、同志社女学校教員を経て、大阪教会牧師。奉西学館や梅花女学校（現梅花学園）の校長をも兼務する。

不破　唯次郎（一八五七〜一九一九）
同志社第一回卒業生。熊本バンドの一人。前橋キリスト教会牧師、前橋英和女学校（現・共愛学園）初代校長を経て、京都平安教会牧師。新島襄が仲人で、夫人ゆう（京都看護婦学校卒）は新島臨終に立会い、後に京大病院総看護婦長を務める。

横井時雄（一八五七〜一九二七）
一時、伊勢を名乗る。「熊本バンド」の一人。横井小楠の長男。同志社卒業後は今治教会を創設、後同志社の教員、社員、ジャーナリストなどを経て、実業界、政界に転身。同志社の総長を務める。

注

(3) 一八七九(明治一二)年にハーバード大学内に設立され、今日は女子学生の学部教育課程に相当する。卒業生にヘレンケラーがいる。

三、博愛精神の自主・自立の教育

新島は最初から女子高等教育には強い意欲を持っていましたが、新島がかかわった女学校に群馬県前橋市の共愛女学校があります。

新島は一八八八(明治二一)年七月、大隈重信、井上馨の新旧外務大臣の呼びかけによる、財界人への大学設立基金募集説明会の後、体調を崩し、伊香保で一か月静養します。その間「同志社大学設立旨意」の原稿を起稿する一方、地元の群馬県初の本格的高等女子機関の設立について地元の教会関係者と財界有力者とまとめています。

前橋英学校(現在の共愛学園)は、前橋キリスト教会が母体になり一八八八(明治二一)年に設立されました。地元の湯浅治郎の親友で、有力者である高津仲次郎、熊本バンドの加藤勇次郎、不破唯次郎の三人が中心になり、新島襄、湯浅治郎も発起人になっています。伊香保と前橋で、三日三晩、新島はこの三人と懇談し、女学校設立の理念と教学項目について助言しています。その中で、女性の社会進出を助成することを強く提言しています。

この学校ができて、二年後、一八八九（明治二二）年の暮に、新島は同じ前橋で発病、同志社病院の看護婦の不破夫人ゆうが付き添う、臨終にも立ち会う。

建学の理念にも「キリスト教主義に基づく、博愛精神と自主、自立の人格形成、有能な人財の育成をめざす」このような自主、自立ということばを使っています。

一八七六（明治九）年、キリスト教主義、自治・自立主義、国際主義を建学の精神に掲げて同志社女学校を設立していますから建学の精神はまったく同じといえるでしょう。

一八八九（明治二二）年には早くもアメリカン・ボードの前橋ステーションが設置され、マエバシ・キンダー・ガ

旧アメリカン・ボード宣教師館
（前橋市・共愛学園内）

ーデン（現清心幼稚園）や上毛孤児院（現上毛愛隣社）の経営にもあたっています。最初の宣教師は一八八七（明治二〇）年に来日したマサチューセッツ州出身のミス・シェッドはじめ、その後も歴代宣教師の宿舎であったアメリカン・ボード宣教師館は、現在、群馬県指定重要文化財として、新キャンパスに移築され、公開されています。

その後、共愛学園は同志社出身の**周再賜**が校長となり、戦中、戦後の難しい時期を乗り切り、共愛学園の中興の祖になっています。周再賜は新島の「自責の杖」を拾い集めて後に有名になった堀貞一と桜美林学園を創った清水安三と大学同期であり、常に教育について連絡を取り合っていた仲間でした。

周　再賜（一八八九～一九六九）
清国統治下の台湾の屏東市で、長老教の伝道師、周歩霞の三男として生まれる。一九〇九（明治四二）年に同志社普通学校を卒業し、一九一五（大正四）年同志社神学部を卒業。オベリン大学、シカゴ大学、ユニオン神学校留学を経て、同志社大学神学部助教授になる。その後前橋の共愛学園の園長、校長となり、四〇年間尽くす。

四、リベラルアーツと女子教育理念

新島襄の大学構想に医学部が入っているのが注目されますが、この時代、理化学教育、病院、看護学校など社会的ニーズをわかっていた教育者は新島しかいませんでした。

医学部構想については四章で述べますが、一八八六（明治一九）年に同志社病院の仮診療所を設置と同時に看護学校（京都看病婦学校）の授業を開始しています。

新島襄はこの看護学校こそ女性の職業意識を高め、地位向上をはかる具体的なものと考えていました。

一八八八（明治二一）年同志社女学校に普通科の上に専門科を設置し、専門学部の設置を設置し、生前にリベラルアーツ・カレッジの一環としての教学体制を構築します。専門部は一九一二（明治四五）年に同志社女子専門学校となり、女子専門教育・高等教育への歩みを開始しました。

明治初期の自由民権運動のめばえの中で、女性の権利が主張され、男女平等論が展開されました。ところが一八八九（明治二二）年の帝国憲法の制定によって、男性優位の権利を認め、女性の権利拡大は凍結されてしまいます。さらに当時は、男尊女卑の教えが強い社会的影響力もあって、まさに新島がいう、女性が「奴隷のごとくさげすまれている社会状態」だったのです。しかも、キリシタン禁制が撤去されたのは、女学校開学のわずか四年前のことであり、女性のための学校、しかもキリスト教の女性宣教師を雇い入れて、リベラルアーツにもとづく全人教育をしようというのは、革命的出来事といっても過言ではありませんでした。

「リベラルアーツ」とは、古代ギリシャで生まれた理念で、具体的には文法、論理、レトリック、算術、幾何、天文学、音楽理論のことを示していました。ルネサンス以降にこの言葉が教育の分野で使われ始めました。現在は一般教養教育を意味しています。

教授と学生との関係は非常に緊密であり、少人数のクラスでの討論や頻繁なレポートなどを通した双方向の教育を可能にしているのです。アーモスト大学も寮制度確立されていましたが、初期の同志社も寮制度による学生間のコミュニケーションも盛んであり、一層教育効果を高めていました。

五、私立大学の女性解放の先陣をきる

私立大学への女性の門戸開放は一九一八（大正七）年の「大学令」を待たねばならないわけですが、同志社では一九二三（大正一二）年に専門学校教育を終えた女子に大学の門をひらくようになり、同志社女学校専門学部英文科卒業生は、同志社大学各学部に入学の資格があるものと指定され、女子にも門戸が開かれました。

ジェームズ館（同志社女子専門学校として使用）

一九二三（大正一二）年四月には、専門部英文科卒業の松井のぶ（旧姓太田）と岡村ツルヱ（旧姓清水）の二名の女子学生が、初めて文学部英文学科に入学し、三年後の一九二六（大正一五）年三月、この二名は無事に卒業、全国最初の女性文学士となりました。東北帝国大学法文学部文科卒業生より一年前のことでした。

なお、一九二三（大正一二）年四月には、法学部に法律学科が増設されるとともに、一九二五（大正一四）年四月、同志社女学校専門部英文科卒業の**田辺繁子**（旧姓星野）が始めての女子学生として入学しました。一九二八（昭和三）年三月に卒業して女性法学士となりました。同じ年に九州帝国大学からも一名の女性法学士が卒業しており、ともにわが国初の女性法学士になったのでした。その後、田辺繁子はマヌ法典の研究で法学博士の学位を授与され、専修大学教授になりました。このように、女性への門戸開放が一番早かったのは同志社大学であり、これも女学校の存在が編入学をより可能にし、このように、同志社大学での女性への門戸開放は一番早かったのは、「学問に男女の別なし」とする新島精神からいって当然のことでした。

戦後の学制改革で、同志社は共学の大学とリベラル・アーツ・カレッジとしての四年制女子大学が肩をならべて存在することになります。日本の総合学園の中で、義務教育から四年制の大学に至るまでを一貫して、女子部が別にあって男子部と二本だてになっているのは唯一、同志社だけです。女子部が先行した青山学院も、小・中・高校は共学だけ、女子大学は短大だけですし、立教大学も女子中・高校はありますが四年制大学は共学だけです。

田辺繁子（一九〇三〜一九八六）
京都で生まれる。一九二五（大正一四）年、同志社女学校専門学部英文科卒業。一九二八（明和三）年、同志社大学法学部法律学科卒業。専修大学教授。法学博士。弁護士。親族法の研究者として知られる。著書に『マヌの法典』（岩波文庫一九五三）がある。人権擁護委員、日本ユネスコ協会連盟評議員、日本国際連合協会理事等の要職を歴任した。

六、自主・独立を貫いた同志社の女子教育

同志社女学校を設立に際し、最初に教鞭をとったのは、同志社の創立者新島襄の妻・**新島八重**とアメリカ人女性A・J・スタークウェザーでした。二〇代半ばのスタークウェザーは、情熱を抱いて日本を訪れたアメリカにある支援団体ウーマンズ・ボードの宣教師の一人でした。

当時、キリスト教の女性宣教師を雇い入れて、リベラルアーツにもとづく全人教育をしようとい

うのは、革命的出来事といっても過言ではありませんでした。そして全人教育を進める上での寮制度は、単なる宿泊施設ではなく、教室のみならず、毎日の生活を通して、一般教養の研鑽に努め、キリスト教的感化を与えるという重要な意味と役割があり、当初から寮は教育機関として位置づけられていました。

女子部の存在がなかば独立している同志社の伝統をつくった背景として二つの見方があります。一つは創立者新島襄の意図として、アメリカのリベラル・アーツ・カレッジに範をとったものだったこととかかわりがあり、もうひとつは、新島の亡き後、同志社の女子部をもりたてるために経営上の柱として、一生をうちこんだ**メリー・F・デントン**の存在でした。

新島襄は総合大学設立途上で倒れてしまったわけで、英学校、普通学校、神学校、ハリス理科学校、同志社病院、同志社女学校の各初期段階で、設備面でも、いまだ十分とはいえず、まさに、これからが本番の設備充実が重要であり、新島襄が全国へ募金集めに奔走している最中でしたから、だれが経営をするにも大変な時期でした。

そして、同志社女子部は一八八六（明治一九）年、アメリカンボードとの運営上のトラブルから廃校の危機に至り、急遽、大沢善助が乗り込み、献身的な努力で再生され、鳥取から復帰したデントンらに引き継がれます。当時、女子部に至ってはキャンパスも狭く、生徒の増員など、発展のためには、まさにこれから設備の充実が課せられていました。

このように、デントンは同志社女子部の苦難な時期、その小さなめばえの時代から所属したわけで、新島亡き後、何とか女子部を盛り立てなければという気持ちを強く持っていました。彼女の心中は、働きながら学んだカリフォルニア時代を思い出しながら思案し、エネルギーの糧にしたに違いありません。

その後のデントンは持てる事業素養を発揮し、約六〇年の長期にわたって女子部を設備面での充実をはかる一方、女子教育の教職面でも能力を発揮しました。

「同志社女子部の母」として多くの教職員、生徒に慕われ、新島襄の遺志を受け継いだ実質上の創立者に等しく、見事に同志社女子部の基盤を創りあげました。

デントンは一九二四（大正一三）年アメリカ議会を排日移民法が通過した際、彼女は自分達を正義、人道、キリストの愛を伝えるために日本に派遣したアメリカが、正義を無視した人種的偏見にもとづく排日移民法を制定したことを遺憾とし、このような不正の法が撤廃されるまでは二度とアメリカの土を踏まないとつねづね言っていました。

メリー・F・デントン

このことは後に第二次世界大戦の時、グルー大使やアメリカ総領事からの帰国のすすめを断固拒否する一つの理由になったのかも知れません。デントンにとって、日米の開戦はどれ程深い心痛であったかは察するに余りあります。星名ヒサの献身的な世話がありましたが、軟禁状態にあった現実の理解に苦しんだことは事実でしょう。

戦後、再び自由を取り戻しましたが、高齢のため、自ら創った同窓会に力を注ぎました。直接ミス・デントンから教えを受けて巣立っていった生徒たちにとって、彼女自身の行動を通して示された「受くるよりは与えるが幸い」「国際社会に通用する自立した女性の生き方」「神から与えられた人生をとことん生き抜くこと」などの教えは、生涯忘れられないものとなり、自身の生き方の指針となったと感謝されています。

この三つの教えはデントン同窓会への遺言として、「①女性の自立、社会参加が必要性であり、②一人前扱いをされるような経済力、経営力を持ち、そして、③堂々と権利意識をもつことが重要であると」と残しました。

日本人で最もアメリカを愛し、アメリカ文化に溶け込んだのが新島襄であったことを考えると運命的なものを感じます。

新島八重（一八四五〜一九三二）

新島襄の妻。会津藩砲術師・山本権八の長女。兄に山本覚馬がいる。戊辰戦争時には断髪・男装し、家芸であった砲術を以て奉仕し、会津若松城籠城戦で奮戦したことは有名である。一八七一（明治四）年、京都府顧問となっていた実兄・山本覚馬を頼って上洛する。翌年、兄の推薦により京都女紅場（後の府立第一高女）の権舎長・教道試補となる。一八七六（明治九）年一月に新島襄と結婚。

メリー・F・デントン（一八五七〜一九四七）

一八八八（明治二一）年、アメリカンボード宣教師・同志社教員のゴードンの紹介で、新島襄を尊敬し、来日、一八九七（明治三〇）年に同志社幼稚園を創立。同志社女学校評議員、その後同志社理事となり学校経営に参画。静和館、ジェームズ館、栄光館などの建設の他、女子部の財政基盤確立に貢献、太平洋戦争中も帰国しなかった。同志社女子部の母といわれる。

第四章　新島襄の自然科学教育への取組み

一、明治新政府による欧米技術の導入策

西欧諸国から最初に先進技術を導入し、洋式工業を創始したのは、幕府と雄藩、つまり先進的な藩の下級武士たちでした。洋書をたよりに、あるいは外人技師の指導の下に、近代的な製鉄所や造船所などが建設されました。しかし、この幕藩営工業にも本格的な事業展開には限界がありました。製鉄技術の導入にみられるように、藩体制をこえて一部に技術的な交流はありましたが、幕藩ごとの規模の小さな、分散的な政治体制は、合理的な技街導入や効率的な資源投入を妨げるものであったからです。また閉鎖的な身分制度も工業化を組織的に展開するには障害となりました。しかも、幕府・雄藩が洋式工業を導入したのは、このような既存の政治体制や既存の社会の維持にあったので、思い切った改革には、限界があったわけです。このようなわけで、明治新政府になってはじめ

て、「殖産興業、富国強兵」のスローガンのもとに、維新政府の政治家、官僚が中心になって組織的に産業技術の発展の諸施策が推進されることになったわけです。

その推進役は主として岩倉使節団で欧米産業施設を視察して帰った人たちでした。教育制度を担当した新島襄もそのメンバーの一人でしたが、この使節団は岩倉具視を全権大使とし、副使として、木戸孝允、**大久保利通**、伊藤博文、山口尚芳の一行でした。これに実務を担当する書記官、各省の専門調査理事官などで、総勢四八名。さらに六〇人近くの留学生が随行しました。

岩倉使節団は欧米各国での産業視察ではイギリスで五三か所の施設を視察し、アメリカの二〇か所、フランスの一二か所に較べて多く、最も重点をおいています。それはいうまでもなく、この国が産業革命発祥の国だったからです。一行は各地の工場で、工場経営のありかた、生産状況や機能、労働者の技術力さらに賃金の実情などこと細かく調査しました。

造船所、蒸気機関、製鉄所、羊毛紡織機、ゴム、ガラスの製造など機械による大量生産など当時の先端技術を視察します。

このように、岩倉使節団の産業視察は実際に、工場、機械の実態見るだけでそれなりに役立ちましたが、実際は分業による全体の把握のむずかしさ、体系的、技術的説明を聞く時間的制約や理解力もあり、また、企業秘密で未公開のものもあり、十分理解できたとはいえなかったようです。しかし、使節団帰国後の明治政府の産業・貿易振興などに活かされることになり、欧米の実態把握の成果と影響は大きかったといえます。

岩倉使節団の成果は、帰国後の木戸孝允、大久保利通、伊藤博文を中心とした薩長人脈による明治政府の諸政策に反映され、産業技術の移入、産業振興、教育制度の実施などに活かされ、彼らが推進役となって展開されました。

岩倉使節団での新島襄の役割は、教育制度の視察でしたが、精神文化の健全化とともに、社会や産業界が要求する人材とはどういう人材か、そのための教育制度との関連は重要な関心事でした。

大久保利通（一八三〇〜一八七八）
薩摩藩士。島津斉彬の死後、西郷隆盛とともに藩を倒幕へと誘導、維新へ導いた功労者。維新後は廃藩置県など数々の改革を断行。一八七一（明治四）年欧米派遣全権副使となり巡歴。帰国後、内治優先を唱え征韓論で西郷と対立。その後も参議兼内務卿として活躍したが一八七八（明治一一）年東京紀尾井町で暗殺される。

二、産業振興のための自然科学系教育の必要性

明治の工業化諸段階における産業技術の発展は、その方法が、「国家による移植」という点において基本的な特徴がありますが、その過程は少なくとも、どのような産業技術がどのような契機、必

要性、順序によって導入・移植されたか、そしてその導入・移植された産業技術は、いかに定着し、自立化し、その後、産業技術の普及・高度化につながったかを評価してみる必要があります。

この時期、産業技術の急速な発展を可能にしたものは何であったかですが、産業発展の基盤となる諸条件、すなわち資本の蓄積、原材料などの資源、人的資源や社会的・経済的諸制度の整備などがあげられますが、前述のように江戸末期にはすでに産業基盤が整いつつあった上に、洋式技術を受入れる在来技術をある程度保持していました。

何といっても明治政府の積極的な役割として、洋式技術の導入・移植に果たした行政組織、産業人材の養成があります。有能な官僚の登用、強力なリーダとして渋沢栄一や**五代友厚**などの逸材の存在も大きかったと思います。

そして、産業技術の発展に直接的な影響を及ぼしたのは、産業技術の実質的な「担い手」である事業家たちです。とりわけ発明、製品開発で先行したベンチャー事業家を中心に、技術者、熟練職工が加わって生産工場を組織化したことは、量産体制の確立につながりました。その結果、需要創造と製品の普及に大きな役割を果たすことになります。

さらに、インフラ整備のため、基幹産業の官業化、民間企業の保護育成、外人技師の雇入など、産業技術の発展を促進させる諸方策が打たれました。

また、起業化を促進するための企業家精神の醸成や高等技術教育のため、大学など高等教育制度の確立が急務となっていました。そして先進国から技術移入となれば、自然科学系の知識と専門技術の習得が欠かせませんから、そのための高等教育が重要になります。

新島襄は長いアメリカ生活、そして岩倉使節団への参加を通じて、産業、文化の移入に際し、キリスト教の精神文化を学ぶとともに、コミニュケーション技術として英学が日本の人民に必要であることをわかっていたわけです。

当時、最も欧米文化を理解していた新島襄としては、自ら大学設立を思い立った一つに自然科学系学問の教育があります。そのことを痛切に感じていたのは、弟を若くして病気で失い、自分もリューマチや心臓病で苦しめられていたため、医学や理化学など自然科学系の学問や技術を教える機関の設置を意識していたことです。

五代友厚（一八三五〜一八八五）

鹿児島城下に生まれる。薩摩藩士として、一八六五（慶応元）年、ヨーロッパを視察し、殖産興業の急務を知り藩の貿易発展に大いに尽力した。維新後は新政府に出仕し大阪造幣寮などの設立にも関与した。退官後は実業家として、主に関西財界で活躍した。初代の大阪商工会議所会頭に就任し、商工都市大阪形成の上で彼の残した功績は大きい。

三、明治初期の学制と高等教育

明治維新後、明治新政府は旧幕府直轄の昌平坂学問所（昌平黌《こう》）および開成所・医学所を復興し、まず和漢両学を中心に、これに西洋近代実学を加えた高等教育機関の設置が計画されました。それとは別に学制発布の二年前（一八七〇年二月）にはヨーロッパの大学を範とする大学の創建が企画されましたが、この構想は、大学本校内部での和漢両学派の対立、さらに和漢両学派と洋学派の対立のため頓挫《とんざ》しました。

すでに東京では、開成所・医学所の後身である南校・東校が文部省直轄の高等教育機関として存在し、将来高度の専門教育機関となるべく整備される途上にありました。

一方、この時期に東京をはじめ各地に明治政府直轄の長崎医学校や私学では慶應義塾が存在しましたが、一八七二（明治五）年に学制が発布され、翌年には学制二編の追加発布がありました。

「学制」では大学は高尚な諸学を授ける専門科の学校とし、その学科を理学・化学・法学・医学・数理学としました。大学卒業者には学士の称号を与えることも定められました。

一八七三（明治六）年四月には大学のほか、専門学校を設立し、法学校・医学校・理学校・諸芸学校・鉱山学校・工業学校・農業学校・商業学校・獣医学校等とし、それらの専門学校において、その学科を卒業した者はこれを大学卒業者と同じく学士の称号を与えられました。

外国語学校は外国語学に熟達するのを目的とし、専門学校に進学するもの、あるいは通弁（通訳）を学ぼうとするものを入学させました。

学制発布後、一八七四（明治七）年五月には東京開成学校と改称、また医学校も東京医学校と改称され、専門学科を充実させました。東京開成学校には法学・理学・工業学・諸芸学・鉱山学の五学科をおき、さらに工業関係の基礎教育と実習のため、製作学教場という速成教育機関（東京工業大学の源流にあたる）もおきました。

東京医学校は、ドイツ語による西洋医学の教育機関で、当時としては最も整備された医学専門教育機関でした。このほか製薬学科や、速成教育機関である通学生教場なども置きました。

次に外国語学校ですが、明治初期、高等教育、特に高等な専門教育を学ぶためには外国語の知識は必要不可欠でしたから学制発布ころまで、南校や東校の学科課程はほとんど英・独・仏などの語学が中心であり、特に重視されていたのは英語でした。政府は、学制発布後、南校・東校を専門教育機関として充実させる一方、全国各大学区に官立英語学校を設置する方針をとりました。

一八七三（明治六）年十一月、官立東京外国語学校を設置しました。同年十二月東京外国語学校から英語科を分離して東京英語学校とし、一八七六（明治九）年ごろには卒業生を開成学校へ送りだすようになり、東京大学とその予備門が設置されるまで重要な役割を果たしました。学制における高等専門教育は、文部省所管の諸学校でだけ行われたわけではありません。

農業関係では一八七二（明治五）年四月に開拓使が東京に設けた開拓使仮学校があり、北海道の開発が進んだのにともなって一八七五（明治八）年札幌に移転し、一八七六（明治九）年から札幌農学校と改称されました。一八七六（明治九）年アメリカから招聘されたW・S・クラークの指導のもとに、アメリカ式の大農経営の理論と実際を教育する専門教育機関となり、予備科三年本科四年で化学・数学・物理学など幅広い自然科学の基礎が教授されました。

このほか東京には農商務省所管の駒場農学校や東京山林学校などが置かれ、法学部門では明法寮に起源をもつ司法省の法学校があり、国内諸法の立法事業を兼ねてフランス法を中心とする高い程度の法学教育を行っていました。

司法省の法学校も一八八五（明治一八）年、東京大学法学部に合併され、また東京山林学校と駒場農学校は東京農林学校として合併された後、一八九〇（明治二三）年帝国大学農科大学となりました。

札幌農学校も一八九五（明治二八）年四月、文部省へ移管され、のちの北海道帝国大学の母体となるなど、後年いずれも文部省の所管に属するようになりますが、学制発布後明治一〇年代を通じて重要な専門教育機関としての役割を果たしました。

W・S・クラーク（一八二六～一八八六）

新島襄のアーモスト大学留学時代の恩師。札幌農学校（現北海道大学）初代教頭（実質上の校長）として来日。専門の植物学だけでなく自然科学一般を英語で教えた。このほか、学生たちに聖書を配り、キリスト教を講じた。後に学生たちは「イエスを信じる者の誓約」に則り次々と洗礼を受けた。学生たちへの言葉、'Boys Be Ambitious'（青年よ、大志をいだけ）は有名。

四、国による工部大学校の設立

自然科学系の教育の最も有力な機関として、一八七一（明治四）年八月設立の工部省の工学寮に起源をもつ工部大学校があります。イギリスから招聘された技師たちの指導のもとに、理論研究と実地修練を組み合わせた高度な工学教育が行われました。

わが国が明治維新以降、欧米の工業先進国を手本に、近代化を国策として推進した時代は、ちょうど欧米において工学が、学問として生まれた草創期に遭遇したため、世界に先駆けて、近代技術が工学として確立される時期と一致したのはラッキーでした。

学問として電気の研究開発の黎明期に、明治新政府は日本人の技術者を早期に養成して、西洋諸国に追いつくために、一八七三（明治六）年、工部省の中に工学校を設置し、官費で自然科学と日本伝統の職人芸を結びつけるため、イギリスのグラスゴー大学に教師の派遣依頼したところ、当時二五歳の新進気鋭な**ヘンリー・ダイヤー**が来日しました。

初めからダイヤーの発想の斬新さ、先進的構想によって、高等教育機関・大学で技術者教育を企画、実施した結果、日本の産業技術の近代化は、驚異的スピードで推進されました。

ダイヤーは一八七三（明治六）年六月に来日、八人の仲間とともに、二か月後の同年八月、工部省に工学校が正式に開校しました。

一八七七（明治一〇）年一月には、工部大学校の機構を改革して、予科課程二年、専門課程二年それに実地課程が加わり、計六か年の教育内容となりました。工部大学校の学科編成は、はじめ土木・機械・通信・造家（建築）・実地化学（応用化学）・鉱山・冶金の七学科で構成されたが、一八八二（明治一五）年には造船学科が増加され、通信学科は一八八四（明治一七）年に電気学科と改名されたが、校長ダイヤーの基本構想をもとにして、近年に至るまで日本における、工学系大学教育の基本的学科編成として、受け継がれてきました。

工部大学校は一八八六（明治一九）年、東京大学の工芸学部と合併して、帝国大学工科大学の母体となります。ダイヤーの滞日期間は足掛け一〇年でしたが、ダイヤーは日本の工学教育の生みの親と呼ぶべき人物で、その功績によって、イギリスへ帰国して二〇年後の、一九〇二（明治三五）年に東京帝国大学は、第一号名誉教師の称号を贈って、彼の功労を称誉しています。

さて、私立では、帝国大学の統合の四年後の一八九〇（明治二三）年に早くも、同志社ハリス理化学校が開校したわけですから、理工系の高等教育機関の先陣といえます。

私立で最も早かったのは一八八二（明治一五）年、東京専門学校（後の早稲田大学）の理学科ですが、わずか二年半で廃止され、復活したのは一九〇七（明治四〇）年です。

ちなみに慶應義塾は大学部で先行しましたが、理工系学部は昭和に入ってからで、製紙王の藤原銀次郎が一九三九（昭和一四）年に創設した藤原工業大学を継承する形で、一九四四（昭和一九）年に同大学の工学部となりました。

ヘンリー・ダイヤー（一八四八〜一九一八）

イギリスグラスゴー出身のヘンリー・ダイヤーは、一八七三（明治六）年六月、二五歳の若さで工部大学校の都検（教頭）に赴任した。土木、機械、造家、電信、化学、冶金、鉱山の七工学科目の理論教育と実践教育をともに行う総合的な工科大学構想は、欧米でもいまだ前例のない画期的なものであった。教育プログラムの策定に始まり、諸々の教育制度の確立、さらには工部大学校の虎ノ門校舎の建設まで多岐にわたった。

五、新島襄の自然科学との出会いと関心

新島襄は前述のように、医学や理化学など自然科学系の学問や技術を教える機関が必要であることを痛感していました。しかも、日本人最初のアメリカの大学卒業者として、アーモスト大学の学士号は理学士（Bachelor of Science）でした。したがって、帰国後、総合大学創立を考えた時、自然科学系の学部はどうしても設置したい学部でした。

さらに、明治新政府になって、「殖産興業、富国強兵」のスローガンのもとに、洋式技術の導入・移植など産業振興のための技術者の養成が課題でした。

一方、一八七〇（明治三）年以後、東京遷都による衰退を危惧した京都は、**槙村正直**知事や府顧問の山本覚馬、府勧業課長の**明石博高**ら多くの優れた先覚者を得て、どん欲に西洋新知識をとり入れて近代工業化がはかられました。まず、欧米の最新技術と設備を導入した強力な産業振興策を展開しました。現在の木屋町二条付近に、最先端の科学技術を享受する舎《せい》密《み》局《きょく》（「舎密」はケミストリーの漢訳、現在の工業試験場のような機関）や勧業館、織物工場などが次々と開設され、近代産業の一大拠点となりました。

さらに、第三代知事・北垣国道が一八八一（明治一四）年に赴任し、琵琶湖疏水工事に着手し、

ますます地元京都でも、人材養成が急務となりました。北垣知事の新島への接近も、新島に理工系人材教育に期待したことも理由にあります。

さて、新島襄が西洋文化に触れるきっかけは一四歳の時（一八五六年）、安中藩藩主**板倉勝明**の命で選ばれて、菅沼総蔵、岡村喜四郎とともに田島順輔のもとで蘭学を始めてからです。新島の考え方に次第に西洋的なの考え方、知識が植えつけられていきます。

蘭学は医学を中心に発達しており、J・K・ファン・デン・ブルクが来日し、海軍伝習所で、窮理（物理）、舎密（化学）を教え始めたこともあり、ブルクに影響を受けた蘭学者たちによって伝授されました。

そして、新島は一八六〇（万延元）年には幕府の軍艦操錬所に入り航海術を学び始めます。幕府の軍艦教授所に週三回通って航海術を学ぶことになり、さらに代数学や幾何学がわかるようになり、また航海日誌のつけ方、天測器械の使い方、緯度の測り方などを覚えました。この実学によって、単に蘭学のみならず、洋学への修学意欲が急速に強まります。

そして、自然科学を学ぶことで、その考え方が論理的になり、自分の生活環境や自然の事象を観察する際に、合理的な思考法をするようになりました。

ちょうどこの頃、江戸湾内に浮かぶ巨大なオランダの軍艦を見て、その威容に圧倒されました。

それを作り上げた西洋諸国の実力と知識・技術がいかに優れているか魅せられ、外国に対抗できる技術を獲得しなければ、日本を改革することはできないと確信しました。このことが新島の学問の傾向が数学や航海術の勉強へと駆り立てることになりました。

それからは代数の学習に取り組むなど、自然科学に対する興味、関心が増していきました。

そして、新島襄が一九歳の時に、今まで修得した知識と技術をためす絶好の機会が訪れました。安中藩の宗家にあたる備中松山藩が新たに購入した快風丸という帆船に、乗船許可され、試運転航海で浦賀から岡山、玉島までの往復航海することになりました。

新島の測量術の能力を試す機会になるとともに、自由と解放感を味わうことで、混乱している日本の社会を改良し、欧米諸国と対等にするためには科学的なものを身につける必要性を強く感じました。この航海が今まで勉学した航海術を中心に数学、測量、物理、天文学など自然科学を学んだ「実学」になったわけです。新島にとってこの快風丸の経験がさらに、外国の知識、海外の事情を求め、危険を侵して函館からの脱国につながります。

さて、アメリカに渡ってからも理学士を得たアーモスト大学では勉学の関心はやはり自然科学が中心でした。そのため、自然科学系の科目を多く履修しています。初年次は三角法、化学、自然哲学、解剖学と生理学、植物学、二年次は幾何学、物理学、鉱物学、動物学、化学、三年次には幾何学と微積分学です。とりわけ鉱物学を好み、夏休みにはハンマーを持参し、鉱物、化石採集に出かけています。また、帰国するため一八七四（明治七）年、ボストンを発ち、開通したばかりの大陸横断鉄道でサンフランシスコに向け移動中、乗り替え地点で、寸暇を惜しんで、化石、鉱物採集に興じています。その採集物と思われるものが、現在も「新島旧邸」の戸棚に陳列されています。

このように、新島は自然科学を勉学し、見学など関心のあることに携わっているときが一番充実していたようです。そのことは書簡の文面や日記・紀行を見ていても伝わってきます。

自分自身がそのような欧米諸国の進んだ知識・技術を身につけることへの満足感の反面、より一段と新島のスケールを大きくしたものに、人格養成があります。

技術・知識を得ることもさることながらそれを使う人間の良心、（キリスト教的な精神）が第一であると考えるようになります。さらにはその良心を持った人物を多く育成すること、すなわち教育事業を自らの使命と考えるに至ります。

一方、私立の高等教育で先行した、慶應義塾の福澤諭吉は幕府の軍艦受取委員の一人として、一八六七（慶応三）年、再度渡米した際、持ち帰った『ナチュラル・フィロソフィー』（表題は「自然科学」・副題は「物理学分野での最近の発見を含み、日常生活での科学的法則の適用例を示す」）は一八六八（慶応四）年には早くも慶應義塾の講義に使われています。

同書の第一編に窮理学の定義として、「物の性質と其規則を議論する学問にして、またこの学をフヒシクス（物理学）」と言い、さらに窮理学は「物の形状には関係なく、総て万物の理を窮める事」

が目的であると記述し、器械学では「物の力とその力の用法を説くものを器械学と言う」と、定義しています。

一八六八（明治元）年といえば、新島襄はまだアーモスト大学の学生時代ですから、福澤諭吉の自然科学に対する関心の深さと先見性を感じます。

新島は当初、自分自身が科学者になろうと考えていたと思われますが、岩倉使節団で欧米諸国の教育事情を視察することで、日本に大学を創り、高等教育を行うことが自らの役割仕事と考えるようになります。アメリカで教育を受けている間に社会のシステムを観察し、キリスト教にもとづいた教育によってこそ人物が育成され、それが何よりも大切であるという結論に至ったのです。

そして国づくりのための総合大学では、神学、文学、法律、経済、医学など加え理化学が欠かせないことがわかっていました。かつては、自らがめざした道であり、有能な技術者養成の重要性を早くから認識していました。

新島は一八八八（明治二一）年八月一一日付アメリカ留学中の下村孝太郎宛書簡の中で「小生ハ我ガ校ニ於テサイヨンスノ振ハサルヲ痛嘆シ候間、貴兄ニシテ充分御用意アリ其ノ方ヲ負担シ賜ハ、必ラス我力校ノ面目ヲ一変スルニ至ラン、」と同志社での自然科学教育が必要であり、その中核になることを依頼しています。後に詳述しますが、下村もまた知識・技術を扱う人間の精神教育を最重要と考えていました。師弟の考えていたことは完全に一致し、国の産業技術の振興の必要性は強く感じていたことは間違いありません。

折から、一八八六（明治一九）年には、前述のように、ヘンリー・ダイヤーの指導する工部大学校が帝国大学工科大学になり、官主導による技術者の本格養成が始まり、新島にとっても私立大学での理工学部の新設が頭から離れなかったと思われます。

京都では、北垣国道知事が中心になって琵琶湖疏水と発電所建設の構想が具体化し始めた時期であり、さらに京都の繊維産業、陶磁器など伝統産業の振興を考えていた知事としても、新島、下村による同志社の教育、とりわけ理工学教育に実利上の大きな期待をかけていたと思われます。

槇村正直（一八三四〜一八九六）

長州藩士・羽仁正純の二男として生まれる。槇村満久の養子となる。藩祐筆役を経て、一八六八（明治元）年、議政官史官試補となる。同年、京都府に出仕。権大参事、大参事、参事などを歴任。一八七五（明治八）年七月、京都府知事となり、東京奠都後の京都復興に尽力した。

明石博高（一八三九〜一九一〇）

京都に舎密局（理化学工業研究所）を建議し、理化学教育と化学工業技術の指導機関として、ドイツ人科学者ワグネルら、外人学者を招き、産業近代化を推進する。島津源蔵ら多くの人材を育て、また病院も開設した。

板倉勝明（一八〇九～一八五七）

新島襄が仕えた安中藩主。日本の藩主のなかでは「最も優れた学者」とみて敬慕した。学問を好み、田島順輔、添川廉齋、山田三川などの学者を招いた。ぼう大な『甘雨亭叢書』を編纂。

六、医学部設立のための同志社病院・看護学校

新島襄のキリスト教主義による総合大学計画の一環に医学校がありました。新島は医学校実現のため、岡山で伝道医をしていた**J・C・ベリー**を口説き、京都へ招き、一八八六（明治一九）年六月、御苑内のデビス邸内に同志社病院仮診察所を開きました。

翌年一一月には烏丸通蛤御門前に、ベリーを院長とする同志社病院が正式に開院し、同時に京都看病婦学校を開校しました。本格的な診察を行うとともに、看護婦養成の事業をも進め、医学校設立の準備に入りました。

しかし新島はついにこの構想を完成させる前に病に倒れてしまいました。これより前、一八八五（明治一八）年五月、新島の二回目の渡米の時、フィラデルフィアに滞在した折、新渡戸稲造や**内村鑑三**の友人で当時、ペンシルバニア大学に留学していた**佐伯理一郎**に会い、帰国後医学部構想のある同志社病院で働くよう勧めます。

同志社病院・京都看病婦学校

これが縁で、佐伯は帰国後、新島襄の創った同志社病院、京都看病婦学校に強くかかわるようになります。それも帰国まもなくの一八九一（明治二四）年七月から、**小崎弘道**の仲介でペリー病院長に会い、佐伯は客員外科・産婦人科医兼任の副院長として勤務を始めました。

佐伯理一郎は一八六二年に熊本に生まれ、同志社へ行った熊本バンドの小崎弘道や宮川経輝とは幼少より親しく、特に宮川とは家も近くで、宮川の父、経連には習字も習っています。佐伯はこの二人の影響でキリスト教に近づき、熊本医学校を卒業後、東京で一八八四（明治一七）年二月、新島から説教を聞き、感動して入信を決心し、一〇月、本郷教会で小崎弘道より受洗します。東京で新島襄の肉声を聞き「熱心なる説教に感ず」と生涯新島へ信頼を続けます。その後海軍軍医となり、二五歳の時に、わが国最初の海軍省留学生として、アメリカおよびヨーロッパに留学しました。ペンシルベニア大学で臨床医学の権威者オスラー博士から直接、指導を受けた唯一の日本人です。佐伯がフィラデルフィアに滞在した当時、新渡戸や内村鑑三と親友となったわけです。佐伯は同大学を卒業後、さらにヨーロッパに渡り、ミュンヘン大学などで産婦人科学を研修して一八九一（明治二四）年に帰国します。

さて、新島没後一五年間は何とか、川本恂蔵、佐伯理一郎の努力もあり、持ちこたえましたが、ベリーもアメリカへ帰国し、学校側には病院経営のノウハウがなかったため、患者がわかる佐伯理一郎へ経営を任せるべきだという意見が支配的になり、同志社は病院から手を引くことになりました。こうして将来の医学部構想も流れてしまったわけです。

一八九一（明治二四）年頃からキリスト教社会一般に対する国粋反動の影響を逃れることができず、同志社全体の経営上の問題があったことが、病院経営から撤退することになった理由です。何としても新島襄の遺志を継いで、持続したいと思ったのは同志社理事会など関係者一様の考えでしたが、当時の同志社の財政事情がそれを許さなかったのでしょう。残念な事態といわざるを得ません。

J・C・ベリー（一八四七～一九三六）
アメリカン・ボードの伝道医。同志社病院初代院長。入院患者に対する平等、無差別は有名。日本の社会福祉の改革に貢献。同志社ハワイ寮敷地はベリー邸跡。

内村鑑三（一八六一～一九三〇）
上州出身。「札幌バンド」の中心人物で、無教会派の指導者。アーマスト大学へ留学した新島の後輩、新島の斡旋で帰国後の就職（北越学舘教頭）一八八三（明治一六）年、勤務していた学農社農学校（津田仙が設立）が閉鎖された時、同志社へ招聘されるが役人となる。

佐伯理一郎（一八六二〜一九五三）
熊本に生まれ、熊本医学校を卒業後、ペンシルベニア大学に留学。臨床医学の権威者オスラー博士から直接、指導を受けた唯一の日本人である。同大学を卒業後、さらにヨーロッパに渡り、ミュンヘン大学などで産婦人科学を研修して一八九一（明治二四）年に帰国。同志社病院、京都看病婦学校兼任の副院長となる。デントン、新渡戸稲造と親交があり、病院閉鎖後も同志社と長くかかわる。

小崎弘道（一八五六〜一九三八）
熊本バンド、同志社第一期卒業生。二八歳で警醒社を創業、三一歳で番町教会設立し、三五歳で第二代同志社社長兼校長。東京霊南坂教会牧師、組合教会会長などを歴任。

七、なぜ病院の存続努力は失敗したか

デントンが何としても新島襄の遺志を継いで、持続したいと思ったのは同志社病院と看護学校でした。デントンはその後も、男子医学部ができないなら女子医学校を女学校とともに経営したいと考えました。知人を説いて、ようやく三、〇〇〇ドルの寄附金を集め、彼女はこの寄附金を有力な財源として、さらに一層大口の寄附を得るため活動をはじめました。

しかし当時の同志社は経営的に甚しく困難状態にあり、女子医学校の設立どころではなく、在来

の同志社の存続さえも危険な状況でした。

この事を知ったデントンは、急場を救うために、折角集めた虎の子の三、〇〇〇ドルさえも、同志社のために一時、間に合わす事を決意しました。

その後、彼女の心に一時途絶えていた女子医学校設立の計画が再び頭をもたげる事柄が起きました。それは一九〇四（明治三七）年、アメリカフィラデルフィアの近郊に住む一富豪、ヴォークレーン夫人が、二児を連れて、観光のため来朝中に、二児のうちの一人が腸チブスに罹って佐伯理一郎医師の治療を受け、さいわいにも全快しました。夫人はこのことを大いに喜び、感謝のしるしとして、二名の女医と二名の看護婦を養成するための奨学金を寄附しました。

デントンの希望する女子医学校を設立する基礎としてはどうか、という申し出があり、早速翌年、同志社女学校卒業の藤田まきをフィラデルフィアに送って看護学を学ばせ、さらに翌三九年に、相沢みさを、中川もとの二名の卒業生を同地に派遣して医学を学ばせました。彼女等は三名とも、ヴォークレーン家の懇切な保護の下に勉学を完了し、藤田まきは一九〇九（明治四二）年三月に、相沢・中川は一九一〇（明治四三）年九月に無事帰国しましたが、病院も看病婦学校も、同志社の手から離れていました。相沢・中川より一年半早く帰国した藤田は、しばらく同志社女学校で英語を教え、その後佐伯病院に勤務して、看護婦養成等の仕事に従事しました。翌年帰国した二人の女医のために、デントンは一時、上京区河原町御地下ル東側に博愛社診療所診療所を設置しますが、その時代では、女医の信頼、評価が低く来院者少なく、さらに、女医のうちの一人、相沢が、開業後まだ半年にもなるかならぬ時期に結婚して退院することが決まり、閉院せざるを得なくなりました。残された中川は佐伯病院で働くことになり、デントンの描いていた女子医学校の構想は、あえなくも、再びくずれ去ることになりました。

こうして、医学校の夢は潰えましたが、新島襄の遺志を継ぎ、日本の女子の専門教育、職業教育、そして医学、看護教育の必要を強く自覚し、それを同志社のなかで実現したいという執念は持ち続けました。

そして、その後長年、医療薬学系の学部は同志社大学、女子大学では設置には至りませんでしたが、二〇〇五年、同志社女子大学に薬学部が設置され、二〇〇八年には同志社大学に生命医科学部が開設されました。積年の願いがようやく実現しました。健康や医療に対する新島襄の想いを引き継ぎ、結実されたわけです。

同志社病院や佐伯理一郎の旧邸の跡地には米寿記念一九五〇年に設立された聖書の言葉「受るよりも与ふるは福也」と刻んだ石碑が今も残っています。

第五章　新島襄のDNA継承と後継者たち

一、新島襄の遺言とそのDNAの継承

新島襄は遺言で「これまでの事業を見て、あるいはこれを私の功績とする人がいるかもしれない。けれどもこれは皆、同志の皆さんの援助によって可能になったことであり、自分ひとりの功績とは決して考えてはいない。ただ皆さんのご厚意に深く感謝する」と残しています。新島を信頼し、支援してくれた多く人たちへの感謝の気持を率直に表現したものですが、あとわずかで大学設立が成ったと思うと、無念の気持が察せられます。

新島死去後の同志社の経営面から見ますと、核になったのは財務担当理事の湯浅治郎で、**中村英助**理事が補佐、教務は小崎弘道総長、工学部は下村孝太郎教頭、女子部は**大沢善助**とデントンが継承、病院はベリーと佐伯理一郎という布陣でした。もちろん、山本覚馬と徳富蘇峰がすべての面で、

重要な相談役でした。

さて、新島襄のDNAは、その同志社設立の理念である「同志社大学設立の旨意」として継承されました。また、別に遺言を残しています。

生命科学におけるDNA（遺伝子）研究は著しく発展し、遺伝情報の伝達やタンパク質の製造という生命を支える重要な機能を担っています。新島襄のDNAも建学の精神である「良心を手腕に運用する人物の育成」そして教育理念として「キリスト教主義・自由主義・国際主義」として息づき、学内組織に埋め込まれています。それは、創立以来、五〇年、一〇〇年、一三〇年にもわたって培われてきた建学精神にもとづいて培養され、職員や学生へ校風となって具現化しています。そして卒業生にも引き継がれ、共通の価値観を生み、社会貢献へとつながっています。

新島の遺言は極めて、具体的で明解ですが、いまだすべてが実現しているわけではありません。生前、勝海舟との会談で、同志社が完成するのには二〇〇年かかると語っています。

遺言の中で、学生向けに、一番鮮烈で、新島の個性出ているのが「倜儻不羈なる書生を圧迫しないこと」です。現代語ではむずかしい言葉ですが、時に訳注も必要になりますが、新島襄が好む、求める人材を表現しています。

何よりもまず若き日の新島は、封建的な幕藩体制に対して批判的な気持ちをいだき、国禁を犯して密出国した、ほかならぬ倜儻不羈だったのです。

熊本洋学校でジェーンズから教えを受け、「奉教趣意書」に盟約した熊本バンドの学生たちも、札幌農学校のクラークから教えを受け、「イエスを信じる者の契約」署名した学生たちも、二人の人格からほとばしるピューリタン精神に魅了され、民主主義と自由、平等、自立の精神を感じとったに違いありません。そして、新島襄のいう「倜儻不羈」なる人物が学生たちの不変の信念になりました。

新島襄が嫌うタイプの学生は芯のない「軟骨漢」であるといっています。

「わが校の門をくぐりたる者は、政治家になるもよし、宗教家になるもよし、実業家になるもよし、教育家になるもよし、文学者になるもよし。かつ少々角あるも可。奇骨あるも可。ただかの優柔不断にして安逸をむさぼり、いやしくも姑息の計をなすがごとき軟骨漢には決してならぬこと。これ予の切に望み、ひとえに願うところなり」と。

「逆に好ましいのは『倜儻不羈』の学生である。常軌では律しがたいほど独立心と才能あふれる青年である」「同志社は今後とも、そうした学生を型にはめたり、圧迫したりしないで、本性にしたがって導き、将来の「天下の人物」に仕立ててほしい」と。

新島襄は「自責の杖」事件で、校長である自らを罰しても、新島は決して彼らを抑圧しませんでした。「熊本バンド」の学生は揃って「倜儻不羈」でした。

中村栄助（一八四九～一九三八）
京都における代表的なクリスチャン実業家、政治家（府会、市会議長、衆議院議員）新島襄と山本覚馬に師事、同志社社員、理事、総長代理を努める。四条教会（京都教会）の創立に関与。

大沢善助（一八五四～一九三四）
大阪商会創立、京都電燈社長。京都府、市政にも尽くす。同志社創立以来の協力者で特に女子部の存続、支援を続ける。

二、財政基盤の強化に努めた湯浅治郎

新島死去後の学校経営の中心になったのは湯浅治郎です。一八八八（明治二一）年七月一九日、大隈外務大臣官邸で行われた財界人向けの大学設立資金募集の説明会に新島とともに同席していた湯浅としては、多額の寄付金を約束いただいた財界人たちの期待をこたえ、新島の事業を継続することが自分の使命と考えました。

湯浅治郎は学校経営も企業経営と同様、財政基盤をしっかりさせることが何よりも重要であることを知っていました。ですから新島亡きあと、同志社をつぶさないためには自分が自らその任にあたり、財務をみる必要があると考えました。そして湯浅は同志社のために、国会議員を棒にふって

京都へ移住することを決意します。また、民友社の経営をみていましたので、蘇峰は「私は正直にいえば湯浅翁の同志社へ行かれたと言う事は、私にとってはほとんど自分の女房を失ったほどの力を落とした」といっています。

このような二人の立ち回りをみますと湯浅治郎の方が損な役割にみえますが、そんな態度は微塵もみせず、ひたすら新島の残した同志社を第一義に考えます。否、治郎には同志社を軌道に乗せることが優先したわけです。

現在では考えられませんが、一切、報酬をもらわず、自弁で「縁の下の力持ち」に終始しました。有田屋を三男に移管、以後、有田屋の資産を二〇年間、分割払いで受け、同志社からは無給で貫き通しました。

学校経営に必要な資産を整理し、バランスシート管理を導入したり、寄付金と授業料収入を区分したり、将来にわたっての学校経理、財務システムを固めました。さらに学生の募集や、外部との渉外業務にも関与しています。当然必要な業務とはいえ、任せるところは任せ、重要事項は自ら手をくだすなど、仕事そのものには満足し、評価し、納得していたと思われます。

同志社第二代社長、小崎弘道は教務に専任できたわけで、湯浅に頭が下がる思いの連続であったと述懐しています。そして約二〇年の長きにわたって財務担当理事として敏腕を振るい、初期同志社の学園基盤を固めることに成功します。しかし、すべてが順調であったわけではなく多くの苦難

安中教会

の乗り越えての上です。最初は新島の敷いた路線をめぐる学内論争だけでなく、もっとも苦難の時機は一八九七（明治三〇）年前後の、アメリカン・ボードとの教育方針をめぐる深刻な衝突とボードとの資産所属係争があります。この時は大隈重信に同志社とアメリカン・ボードの紛争仲介を依頼し、和解に成功しました。

特に難題であったのはキリスト教主義の学校に徴兵猶予の特典を与えぬという文部省の方針に対処するため、対文部省との折衝事です。それは学生募集を困難にすることで、学校経営にとって最大の危機でした。これら続出する難事に対し、当時**横井時雄**社長を援け、湯浅ならではの政治手腕で解決します。

それでは湯浅治郎とはどんな人物か、その足跡に触れてみましょう。

湯浅治郎は一八五〇（嘉永三）年、安中藩の御用商人・有田屋の三代目として生まれます。有田屋は一八三二（天保三）年より一六〇年の長きにわたり、味噌、醤油の醸造をその生業としてきました。この中山道沿いの有田屋は、本業の醸造業だけでなく、治郎はじめ明治、大正、昭和の三代にわたって、日本の教育、社会、文化に貢献した多数の人物を輩出することになります。

湯浅治郎は、安中で日本最初の私設の公開図書館、便覧舎（図書三、〇〇〇冊）を設立したことでも知られるように先進的気風に富み、他方、中央政府の支配から自由な地方自治の県政の確立につとめ、群馬県議会の議長として群馬県を日本最初の廃娼県とした中心的役割を果たしました。財界人としての治郎は本職の醸造業の他、日本鉄道会社の理事・副社長として敏腕を発揮しました。治郎の後妻初子の弟の徳富蘇峰の国民新聞社の経営を支援したりして、多方面に才覚をみせています。他方、洗礼後は安中教会建設、生活に困る信徒のための共同養蚕所をつくるなど、キリスト者共同体の形成に尽くしました。

このような実績に加え、人望も高く、その後の選挙で、第一回帝国議会の衆議院議員にも選出され、立憲改進党に所属します。予算委員会で財政担当の第一分科委員長を務めています。

徳富蘇峰とは実の兄弟以上に気の合った関係で、一八八六（明治一九）年民友社の設立を支援するとともに、経営にも関与することになります。

湯浅治郎

そして、一八九〇（明治二三）年は湯浅治郎と徳富蘇峰の二人にとって、大きな節目の年、記念すべき年になります。二人の共通の師、新島襄が神奈川県大磯において、四六歳一一か月で逝去したためです。蘇峰は師の臨終に立ち会う替わりに、民友社の副社長を兼ねる治郎は蘇峰のため、国民新聞誕生披露宴を仕切る仕事に専念します。この後、蘇峰は世間にジャーナリストとして華々しく乗り出すのに対し、方や治郎は華々しい政界から早々と引退し、新島襄亡き同志社を継続させることを自らの使命と考えました。

そして、一九一〇（明治四三）年湯浅治郎は同志社での職務を離れ、東京に引き揚げることになります。その年、湯浅は還暦を迎え、新島の念願の実現である、新しい大学令による同志社大学の開校（正式には一九二〇年）にめどが立ったことが、京都を去るきっかけになったようです。

安中教会（新島襄記念会堂・一九一九年竣工・設計・古橋柳太郎）現在、石造（大谷石）の建物は登録有形文化財に指定されている。

晩年、特に親しくしていたのは柏木義円で「上毛教会月報」の相談にのったり、安中教会（新島記念会堂）の建設と運営に精力を傾注しました。今も会堂には長男（湯浅一郎）の筆による新島襄、湯浅治郎、デイヴィスと、海老名弾正、柏木義円の肖像画が飾られています。また教会敷地には蘇峰の撰書による治郎の記念碑、「雲外の碑」（雲外は治郎の雅号・安中市指定文化財）が立っています。

横井時雄（一八五七〜一九二七）
横井小楠の長男として熊本に生まれる。熊本洋学校から同志社入学。卒業後は牧師となる。同志社の第三代社長に就任。その後衆議院議員も務める。

三、政・財界との調整役の徳富蘇峰

徳富蘇峰は師である新島襄の臨終に立ち会い、前述しました遺言を代筆します。以後、湯浅治郎のように同志社内部での活動ではありませんが、民友社、国民新聞において、同志社を支援し、政財界のパイプを駆使して、戦時中のピンチも救います。

一九一二（明治四五）年の専門学校令による同志社大学の開設に際しては、激務に追われながらも、政治経済部創立委員長に就任するなど、蘇峰は生涯にわたって同志社を案じ同志社に奉仕しました。蘇峰にいわせれば、同志社は「新島先生が創った学校」だからです。

一八九一（明治二四）年に設立された同志社政法学校を継承し、一八九四（明治二七）年に大学文学部とともに法学部（法律科と経済科）ができ、ようやく新島の大学設立の夢がかないます。

蘇峰はその専用校舎「致遠館」の建設でも多大な貢献をします。館名の名づけ親になったばかりか、現在、建物の入口の扁額も蘇峰の書です。それでは、徳富蘇峰について、簡単に足跡を辿ってみましょう。

徳富蘇峰は一八六三（文久三）年肥後国（現熊本県）水俣で、父**徳富一敬**の長男として生まれました。一八七一（明治四）年開校の熊本洋学校に、翌年九歳で入学しましたが、幼少のため退学となり、一八七五（明治八）年再入学します。翌年花岡山の「奉教趣意書」に盟約になぜか蘇峰も参加しています。蘇峰はその時のことを「実学党の殻を破るためにキリスト教が必要だった」と説明しています。

この事件がきっかけで、熊本洋学校は廃校になり、蘇峰は上京し、東京英語学校（第一高等学校の前身）へ転校し、一八七六（明治九）年一〇月ころ同志社英学校へ編入学しました。金森通倫など熊本洋学校の先輩や同輩が「熊本バンドと呼ばれる」が大挙して同志社へ移ったことを知ったからです。

新島襄との出会いはこの時からで、一八七六（明治九）年には新島から金森らとともに洗礼も受けます。しかし蘇峰は後に自伝で「キリスト教を信じるというよりも、新島先生を信ずるということで、キリストを経由して、神に近付くといふよりも、新島先生を経由して神に近付くという事であった」（『蘇峰自伝』）と新島信仰ともいえるものでした。

その後、同志社卒業一か月前というのに、「自責の杖」事件で退学し、東京へ出ます。

京都を発つ前に新島から「大人にならんと欲せば自ら大人と思う勿れ」と書いた写真をもらいます。蘇峰は新島への敬慕の念を捨てたわけではなく、蘇峰は師として新島襄によせた敬愛の念は生涯変わりませんでした。

その後、徳富は一時、新聞記者になるべく上京しましたが、一八八二（明治一五）年帰郷し、自らの勉学を兼ねて、数え年二〇歳の若さで熊本郊外の大江村に、私塾「大江義塾」を開きます。この塾の開設の前、一八八〇（明治一三）年には新島が宣教のため、熊本に立ち寄った折、猪一郎は宿泊中の旅館に訪ね、準備中の塾の相談をします。この日、夜のふけるのも忘れて一一時まで話し込んでいます。新島は徳富の「青少年教育の熱意」に賛意を与え、その時、激励の意味でアメリカから持ち帰ったカタルパの種子を贈ったといいます。

新島は一八八二（明治一五）年一月四日に、徳富宛新年の書簡を送り、その最後の余白に「小生も兄の為に祈ることは怠らないから、兄もまた小生のために祈ってもらいたい」と書き添えてあります。これは、新島の大学設立向けての活動と、徳富の開塾とを重ね併せて、師弟互いの事業を祈りあいたいという意味と受け取れます。このように、新島と蘇峰の師弟愛はこの大江義塾から復活したといえます。

徳富蘇峰

その後、再び上京後に、蘇峰の文筆家としての処女作『将来之日本』を出版し、平民主義、反藩閥主義を唱えます。新島は蘇峰の求めに応じて、その時、序文を書きます。

一八八七年二月、湯浅治郎の支援を受け、民友社を設立、総合雑誌の先駆けともいえる『国民之友』を創刊し、政治だけでなく文芸面にも力を入れ異常なほどの人気を呼びます。

勢いに乗って『国民新聞』も創刊、社長兼主筆として健筆を振るいます。森鴎外や坪内逍遥、幸田露伴ら作家との交流も深く、文学者に活動の場を提供したり、外国の先端的な作家を日本に紹介するなど、文学界に貢献します。

一八七七（明治一〇）年の民友社設立から五年間ほどしてから、蘇峰は政治への関心を高め、**桂太郎**と親交を結び、次第に右寄りになります。そして蘇峰にとって一八九四（明治二七）年から一八九五（明治二八）年の日清戦争は「予が一生にとっては、またこれが一大回転機であった」（『蘇峰自伝』）と言うほどの出来事でした。国民新聞社の総力を挙げて戦況を報道、発行部数は大幅に伸びを示したからです。

一九〇一（明治三四）年には桂内閣を言論面で支援しますが、一九〇五（明治三八）年には日露戦争講和反対の運動のため、講和に賛成した国民新聞は焼き討ち襲撃を受けます。その時、蘇峰は「日本に継戦能力がないのを知っていたから、焼き討ちに遭ってもびくともしなかった」と平然としていたそうです。一九一一（明治四四）年八月、貴族院勅選議員になり、これを機に、蘇峰は国家主義の色合いを強め始めることになります。

一九一八（大正七）年七月から『近世日本国民史』を国民新聞に掲載を開始し、一九二九（昭和四）年まで同紙に連載されました。後に一九五二（昭和二七）年『近世日本国民史』全一〇〇巻を脱稿します。織田信長から西南戦争まで叙述したもので蘇峰の半生の全精力を傾けたものでした。

また、一九三五（昭和一〇）年から一九三八（昭和一三）年、同志社総長に甥の湯浅八郎が就任したため、同志社の存続のため協力します。八郎とは主義主張には異なるところがありましたが、国家権力に対して、影武者のごとく影響力を行使します。

一九四二（昭和一七）年、言論界の長老として大日本文学報国会会長に祭り上げられますが、正確な戦況は知らされていなかったといいます。翌年には文化勲章をうけます。

戦後は、公職追放、戦犯容疑で蟄居の身となり『近世日本国民史』の執筆に費やします。

一九五七（昭和三二）年一一月二日、九四歳で熱海の晩晴草堂で死去、葬儀は霊南坂キリスト教会で行われました。

霊南坂教会は蘇峰の熊本バンド、同志社の先輩である小崎弘道の創った教会であり、小崎とは自分の葬儀について約束をしていましたが、小崎は一九年前にこの世を去っていました。

このように、蘇峰の足跡は、明治、大正、昭和の三代を通じて、その時代で多面的な表情を見せています。新島襄ともう一人の師、勝海舟譲りの「機を見るのに敏」であり、国家中心のナショナリズムに支えられていました。

その先見性とリーダーシップがあり、文芸振興に果たした役割は大きいという見方がある一方、当初は平民主義を唱えながら国家膨張主義に転じ、大日本言論報国会会長を務めるなど太平洋戦争への流れを言論面で助長したという「蘇峰嫌い」の声もいまだに根強いのも事実です。

蘇峰は『近世日本国民史』全一〇〇巻をはじめ、著書が三〇〇以上にのぼり、偉大な文筆家、歴史家であるとともに、二〇世紀を代表するジャーナリストでした。

蘇峰と交友関係にあった人達に共通している蘇峰の魅力は、人物の見極め、理解が早く、その上、懐が深く包容力があることといっています。

新島が残した同志社への愛校心が高く、同志社大学設立運動にも多くの時間を費やし、母校への蔵書、別荘の寄付など、生涯、新島襄への恩顧を忘れませんでした。

蘇峰の住まいであり、『近世日本国民史』の脱稿した山王草堂の寝室には新島襄の臨終の際、三日間付き添って遺言をしたためた時に、着用したフロックコートが今でも掛けたままになっています。

徳富一敬（一八二二〜一九一四）
開国論者で実学思想家横井小楠の最初の弟子、蘇峰、蘆花の父、八六歳のとき、キリスト教に入信。

桂太郎（一八四七〜一九一三）
長州藩出身、明治の政治家、陸軍軍人。一八七〇（明治三）年から三年、兵制研究にドイツへ留学、ドイツ駐在武官、陸軍次官となり、日清戦争の時、第三師団長、戦後陸相を務める。一九〇一（明治三四）年内閣総理大臣、第二次、第三次と首班を務めた。

四、女子部の基盤固めをしたデントン

学校経営も事業経営と同じで、生徒募集による収入の確保には、校舎、図書館などの設備、教授陣の充実が必要です。そのためには、企業でいう資本金に相当する基金が最低限必要ですし、募金、寄付金などでの基金充実が不可欠です。もちろん企業と同じように借入金でも資金調達は可能ですが、授業料収入にたよる学校経営では過度の借入れは危険であり、安定しません。

その意味で、学校経営で一番重要なのが設備建設に必要な基金の調達です。その多くは募金、寄付金という形をとりますが、企業でいえば資本金の調達（エクィティ・ファイナンス）に近いものです。学校債は借入金の一種ですから大半をそれに充当するのは危険であるのはいうまでもありません。学校の新規設立では設立初期に膨大な設備資金が必要になり、何年か経過することにより、償却費で順次設備更新は可能になります。

同志社の場合でいえば、新島襄は総合大学設立途上で倒れてしまったわけで、英学校、普通学校、神学校、ハリス理科学校、同志社病院、同志社女学校の各初期段階で、設備面でも、いまだ十分とはいえず、まさに、これからが本番の設備充実が重要であり、さらに、経常での収支もトントンか病院も入れるとマイナスの状況であり、新島襄が全国へ募金集めに奔走している最中でしたから、

だれが経営をするにも大変な時期でした。

女子部に至ってはキャンパスも狭く、生徒の増員など、発展のためには、まさにこれから設備の充実が課せられていました。

このようにデントンは同志社女子部の苦難な時期、その小さな芽生えの時代から所属したわけで、彼女が働きながら学んだカリフォルニア時代を思い出しながら思案し、当事者意識をもって努力したに違いありません。

デントンは学園設備の充実、拡大のためにアメリカン・ボードだけに依存せず、自らのルートで接触し、独特の交際術と持てる事業素養を発揮し、約六〇年の長期にわたって女子部を築き上げました。

デントンは同志社女子部の英語、料理の学科の単に学内ばかりではなく、京都市内の四か所に小児安息学校（日曜学校）を開いたり、幼稚園、弘道館のような伝道所の仕事をし、その上診察所の管理、運営をやり、その他同志社の評議員、同窓会の役員など縦横無尽な活動をしていました。

そして何といっても二つの幼稚園（一八九七年設立の同志社幼稚園、一九一九年設立の下鴨のマクリン幼稚園）、博愛社診療所を設置するなどの社会事業への貢献は白眉といえます。そればかりではなく、まだキリスト教婦人矯風会の国内組織ができる前に、京都にキリスト教婦人矯風会が組織せられたのも、日本にY・W・C・Aができて、京都に支部が作られたのも、デントンに負うところが多いわけです。デントンのこのような実績がさらに、信用となり、説得力を増していったわけです。

さて、デントンの事業素養と才腕はどのように身につけられたかですが、その答えはアメリカ時代にあります。ピューリタンの血を受けた、開拓精神旺盛だった両親と家庭、一四歳で教壇に立ち、苦学してハイスクール、ボストン・カレジュート・スクールを卒業して、目標とした教員免許を手にするという涙がでるような努力、途中で断念しない不屈の闘志は普通の乙女を超越していました。

正規の教員資格を取得するまで、約一〇年の間、断続的に代用教員を勤めることによって学資を得たことから理解できますが、ピューリタン精神である自由、自治、自立が身についていました。その意味で、新島襄の「ラットランドのグレース教会での訴え」の本当の意味をわかっていたのはデントンかも知れません。事業経営でも、創業にあたっては創立者の経営理念が非常に重要であり、そして経営資源を巧みに活用して初期の目標を達成するマネジメント力が成功の分かれ道です。

人を説得し、理解させ、納得させるには、まず自分自身への信頼が相手に伝わるかがポイントだと思います。デントンの場合はその説得力が、通常人に比べ格段に高かったため、ジェームズ、ファウラーなど多くの同志を得るのに成功したと思います。

ジェームズにしても、ファウラーしても、寄付金なり、贈与という感覚ではなく、新島の崇高な理想の実現のため、日本の女子高等教育に共同してあたるというパートナー的認識が強かったよう

静和館

に思えます。自分たちが協力できるのは資金の提供であるとわりきっていたように思います。彼女を派遣したアメリカン・ボードや太平洋婦人伝道協会の尽力によって集められたものもありますが、その多くはデントンが直接窓口になっています。

おそらく、自分と同じ考え、精神を共有する同志として勧誘したものと考えられます。多くの建築物に寄付者の名前をつけているのもその証左でしょう。

デントンが関わった最初の校舎は静和館で、自分が所属するボードに正面から根気よく交渉し、ようやく二万ドルの募金が集まり、着工したのが最初のレンガ造りの本格的校舎でした。デントンの貢献によって建てられた歴史的建造物、「静和館」は今はもうありません。一九九一（平成三）年に長い歴史に幕を閉じ、取り壊されたことは、惜しまれて余りあります。続いて、ジェームズ家より一〇万ドルが莫大な資金が寄付され、その資金を使って、ジェームズ館の建設計画が進められました。そのためにはまず周辺土地を一、六〇〇坪余り購入し、そして一九一三（大正二）年一〇月着工、翌年八月にジェームズ館が完成しました。

そして、栄光館、ファウラー講堂です。デントンがファウラーから講堂の資金として自由公債二

栄光館・ファウラー講堂

万円の募金を受け、アメリカン・ボードの事務所に寄託して利殖をはかり、ついに一三年後には利子が加算され、六万円になっていました。栄光館はこの基金に加え、同志社女学校同窓会および在学生の団体たる学友会によって寄附せられた六万円、さらに同志社本部が六万円を拠出し、合計額一八万円をもって建設されました。三棟全体を合わせてデントンの意見を参考に、武田五一が基本設計しました。東西に長い敷地の形状から、自然と御所（京都御苑）に向かってレンガ造建物を三棟並べる配置となったと思われます。

このようにデントンが関与した投資額は、大学以上で、女子部は完全に財政的には独立していました。

■新島襄の遺言

一、同志社の将来はキリスト教による徳育、文学や政治などの興隆、学芸の進歩、これら三者を一体的にまた相互作用的に行うこと。
二、同志社教育の目的は、神学、政治、文学、自然科学などいずれの分野に従事するにせよ、どれもはつらつたる精神力があって真正の自由を愛し、それによって国家につくすことができる人物の養成に努めること。
三、いやしくも教職員は学生を丁重に扱うこと。
四、同志社では倜儻不羈なる書生〔信念と独立心とに富み、才気があって常規では律しがたい学生〕を圧迫しないで、できるだけ彼らの本性にしたがって個性を伸ばすようにして天下の人物を養成すること。
五、同志社は発展するにしたがって機械的に事を処理する懸念がある。心からこれを戒めること。
六、金森通倫《かなもりつうりん》氏を私の後任〔同志社社長〕とするのは差しつかえない。氏は事務に精通し、鋭い才気の点では比類がないが、教育者として人を指導し、補佐する面では徳がなく、あるいは小細工をしやすいという欠点がないとは言えない。この点は私がひそかに残念に思うところである。
七、東京に政法学部、経済学部を設置するのは、最近の事情を考慮すれば、とうてい避けることができないと信じる。
八、日本人教師と外国人教師との関係についてはできるだけ調停の労をとり、両者の協調を維持すること。これまで私は何回も両者の間に立って苦労した。将来も教職員の皆さんが日本人教師にこのことを示していただきたい。
九、私は普段から敵をつくらない決心をしていた。もし皆さんのなかであるいは私に対してわだかまりを持つ人がいるならば、そのことを許していただければさいわいである。私の胸中には一点の曇りもない。一〇、これまでの事業を見て、あるいはこれを私の功績とする人がいるかもしれない。けれどもこれは皆、同志の皆さんの援助によって可能になったことであり、自分ひとりの功績とは決して考えてはいない。ただ皆さんのご厚意に深く感謝する。

『現代語で読む新島襄』

第六章　下村孝太郎と同志社ハリス理化学校

前章で、新島襄の事業承継者について触れましたが、理化学教育分野の後継者が下村孝太郎でした。本章以降はこの下村孝太郎を主役にして、同志社ハリス理化学校の誕生から、独立して起業するに至った動機、そして下村孝太郎という化学工業界の寵児が誕生するまでの足跡をたどり、石炭化学業界における功績を評価してみようと思います。

一、下村孝太郎の生い立ちと熊本バンド

下村孝太郎は一八六一（文久元）年九月、熊本城外本山村（今は熊本市）に細川藩士の九十郎と藩儒の息女、房子との間の長男として生まれました。祖先の墳墓は熊本市の名刹長園寺にあることからも、旧家であったことがわかります。

下村孝太郎は浮田和民とは従兄弟であり、二人は下村が九歳と浮田が一一歳の時からの親友でした。二人が熊本洋学校の寄宿舎に入っていた頃、浮田は両親が続けて亡くなり、悲嘆にくれている時、伯母である下村の母、房子が里見八犬伝を読ませて慰めたといわれます。後年、浮田はこれに感謝し、同志社時代はバイブルと同様に之を愛読し、徳富蘇峰、蘆花兄弟ら友人たちにも八犬伝を宣伝し、そのため、学内でブームになったといっています。もちろん下村も八犬伝の折り紙つきの愛誦者でした。

一八七一（明治四）年の廃藩置県で、父・九十郎は田舎に引退し、農地開墾の業にあたりましたが、不調に終わりました。しかし、農に帰するのが武臣の本懐だと決意を変えなかったといわれます。また、保守思想の強い熊本にあって、考え方も急進的であり、その思想や行動において独立心の強い人であったと思われます。その容貌も気質も引き継いだのが孝太郎といえそうです。

一八七二（明治五）年、一二歳で熊本洋学校に入学した下村は、Ｌ・Ｌ・ジェーンズより窮理学（物理学）、舎密学（化学）を学びました。ジェーンズはアメリカ陸軍士官学校出身の退役軍人ですが、英語だけの講義で実学も教え、また同時に自宅では、有志の生徒に聖書講義を行いました。英語で行われる一般教養的課程の諸学科の講義を通じて、自然と人間の世界に対する新しい見方、キリスト教的世界観、人生観が助長されました。

その結果キリスト教熱が高まり、学校内外に摩擦が顕在化し、有志が花岡山山頂で「奉教趣意書」

に盟約するに至ります。花岡山の盟約は次のようには書かれていました。

> 余輩かつて西教を学ぶに、すこぶる悟る所あり。爾後《じご》これを読むに、ますます感発し、欣戴措《きんたいお》かず、遂にこの教を皇国に布き、大《おおい》に人民の蒙昧を開かんと欲す。然りといえども、西教の妙旨を知らずして、頑固旧説に浸潤する徒未だ少なからず。豈《あに》に慨嘆に堪ゆべけんや。この時に当り、苟《いやし》くも報国の志を抱く者は、宜《よろ》しく感発興起し、生命を塵芥《じんかい》に比し、以て西教の公明正大なるを解明すべし。これ吾曹《ごそう》の最も力を尽すべき所なり。

この盟約にあるように、人民を啓蒙し、文明開化するには「西教」が不可欠であり、そのためには「旧説」を打破する必要があるとする、盟約に参加した下村ら生徒たちの使命感が伝わってきます。

「奉教趣意書」には、下村孝太郎のほか三五名が誓約し署名をしました。この三五名のなかには、宮川経輝・由布武三郎・**蔵原惟郭**・金森通倫・海老名弾正・加藤勇次郎・徳富蘇峰・**森田久万人**・伊勢時雄・**浮田和民**・**市原盛宏**・**山崎為徳**、**家永豊吉**らがいました。後に署名に加わったメンバーは「熊本バンド」と呼ばれるようになります。

ところがこの誓約は、洋学校内外に大きな混乱を巻き起こしました。誓約した生徒の多くは、親や親族の圧迫に屈することなく、同年五月五日にジェーンズより洗礼を受けることとなりましたが、一四名は脱落しました。受洗したのは、洋学校卒業者および在学生の二一名で、浮田和民・海老名弾正・下村孝太郎・蔵原惟郭・市原盛宏・由布武三郎・小崎弘道・森田久万人・加藤勇次郎、辻（家永）豊吉らです。

下村はその入信の動機について、「その時代は士族青年として仏法に傾きたる人は稀れにして、耶蘇教を信ぜしも、その強烈なる所、すなわちかの革命的精神に心酔せしむ」つまり、キリスト教への入信は過激な行為だったがゆえに惹かれたわけで、それにより封建思想をふっきろうとしたわけです（下村孝太郎『我が宗教観』）。

また、下村の父は洋学校の漢文の教師より、孝太郎の受洗の是非を問われ「わが子の教育を人に託した以上、其人は第二の親なり、弟子は第一の親同様に師に従うべし」と孝太郎の意志を明確に支持しています。

花岡山にある熊本バンドの「奉教の碑」

洋学校内のキリスト教をめぐる対立と混乱のなかでも、ジェーンズは授業を続行し、一八七六（明治九）年八月、第二級生の卒業と、第三級生の変則ながら在学期間三か年での繰上、卒業を行いました。しかし、同年一〇月をもって熊本洋学校は廃校となります。

異国風な近代的校舎のなかで、**横井小楠**の伝統を継承した実学的経世論を修め、ピューリタン的キリスト教徒としての外人教師ジェーンズから、英語のみならず近代的教育を受け、さらにキリスト教に入信して熊本を去ることとなったわけです。熊本洋学校の廃校にともない、卒業生・在学生一七名は、ジェーンズの紹介により前年の一八七五（明治八）年一一月二九日に、新島襄によって創立された同志社英学校に入学することになりました。
下村も浮田和民と一緒に熊本を発ち、京都へ向いました。熊本洋学校出身者のうち、卒業生は同志社英学校余科生として神学の課程を学ぶとともに、助教の役目を務め、後輩の指導に当りました。

蔵原惟郭（一八六一～一九四九）
「熊本バンド」の一人。同志社中退後、渡米して、アンドーヴァー神学校、オベリン大学で学び、さらに渡英してエディンバラ大学に進む。留学中、新島襄の世話になり、帰国後、校長を経て、衆議院議員として活躍した。

森田久万人（一八五八～一八九九）
「熊本バンド」の一人。同志社卒業後、イェール大学へ留学。心理、哲学、倫理専攻。同志社神学校の教頭に就任。

浮田和民（一八五九～一九四六）
「熊本バンド」の一人。同志社卒業後、同志社教員、後、イェール大学に留学、同志社の学園紛争で早稲田大学教授に転出。月刊雑誌『太陽』の主幹。

市原盛宏（一八五八〜一九一五）
「熊本バンド」の一人。同志社第一回卒業生、仙台の東華学校の副校長で赴任するが、イェール大学留学。帰国後政法学校教頭をするが、後に政財界へ転進、横浜市長、朝鮮銀行総裁などを歴任。

山崎為徳（一八五七〜一八八一）
「熊本バンド」の一人。熊本洋学校を卒業後、東京開成学校予科に編入学するが退学し、同志社英学校へ入学。卒業後、水沢伝道し、母校で教壇にたつも、二年にして早世。「熊本バンド」随一の俊才といわれた。

家永豊吉（一八六二〜一九三六）
「熊本バンド」の一人。同志社英学校へ入学後、中途退学し、アメリカのオベリン大学へ留学。その後ジョン・ホプキンズ大学でPh.D.を取得、東京専門学校（現在の早稲田大学）教授、慶應義塾大学教授を経て、シカゴ大学の教授になった。

横井小楠（一八〇九〜一八六九）
熊本城下生まれる。幼少時から藩校時習館で学び、実学党を結成し、藩政改革に乗り出すが失敗。その後、福井藩主松平春嶽に迎えられ、藩政改革に成功する。勝海舟や坂本龍馬など幕末の志士とも交わり、明治維新への流れに大きな影響を与えた。

二、新島襄の意を受けて理化学教育を継承

下村孝太郎は同志社第一期の卒業生で、新島襄の信頼が最も厚かった一人です。しかも師との共通点はアメリカ留学で理化学を学び、帰国後、同志社ハリス理化学校の設立にあたり、さらに自ら起業するなど、ベンチャー魂も師から受け継いだようです。

同志社ハリス理化学校では五年間、教頭として、化学教育に専念した下村孝太郎は、同志社における自然科学教育と研究史上、不滅の功績を残した存在といえるでしょう。

下村の教員としての期間は第六代社長（総長）の時代を含めても一一年にすぎません。しかし、学問を実業に活かして起業し、日本化学業界、鉄鋼業界に輝かしい業績を残したことは、まさに新島襄の理化学教育の後継者にふさわしいといえます。

同志社英学校を一八七九（明治一二）年卒業した下村は、母と五人の妹を養うため岸和田や熊本で英語を教えたのち、二一歳のとき母校にもどり、四年間、同志社英学校で物理・化学・数学などを教えます。しかし、高等科学への勉学志やみがたく、自費で渡米し、マサチユセッツ州ウースター工科大学で四年間、化学を学び、さらにジョンズ・ホプキンズ大学、大学院に転じて、有機化学

のレムゼン教授の指導を受けます。レムゼンはドイツでリービッヒとヴューラーに師事した有機化学者で、サッカリンの合成者、アメリカ化学会誌の創刊者です。ジョンス・ホプキンズ在学中、下村は恩師、新島襄から一八八八（明治二一）年八月付の次のような手紙を受け取りました。

「小生は我が校においてサイエンスの振わざるを痛嘆し候間、貴兄にして十分御用意あり、その方を負担し賜わば、必ず我が校の面目を一新するに至らん。願わくば、今の本校をして十分カレッジの位置に進め度く、政府の高等中学校にも一歩も譲らざる様に致し度く候」と官立の大学との対抗と、下村の帰国後の加担を期待しています。

ここでいう政府の高等中学校とは、京都の第三高等中学校のことで、一八九〇（明治二三）年現在で、岡山に医学部をもち、京都に法学部を新設するという異例の高等中学校で、七年後に生まれる京都大学をすでに予定したものでした。

新島は同志社英学校が軌道にのると、日本最初の私立総合大学設立に乗り出します。ピューリタニズムと科学の結びつきの伝統をよく残していたニューイングランドで青春の一〇年を学んだ新島は、政府による官僚養成機関としての官立大学に対抗する学問府として、理学部や医学部を含む私学の総合大学を構想したわけです。

「同志社大学設立の旨意」（一八八八年）に新島は「吾人は教育の事業を挙げて悉く皆政府の手に一任するの、はなはだ得策なるを信ぜず。吾人は日本の高等教育において、ただ一の帝国大学に依頼して止むべき者に非ざるを信ず」といい、また「人民の手に拠って設立する大学の実に大なる感化を国民に及ぼすことを信ず」と人民主体、学問の独立を強調しています。したがって新島は、総合大学の学部もしくは核となるべきものとして、神学専門科、同志社病院と看護婦学校（ともに一八八六年設立）につづいて、理科学校の設立を決意し、手塩にかけた同志社第一期の下村に並々ならぬ期待をかけ、その教頭となることを要請したのでした。

下村は新島からの指示で、一八八九（明治二二）年五月に、コネティカット州、ニューロンドンの富豪**J・N・ハリス**を訪問し、自然科学教育の推進のために一〇万ドルの大金が同志社に寄付されることの確約を得ました。一〇万ドルのうち、地所建物および器械設備として二万五、〇〇〇ドル、維持費として五万ドル、他に二万五、〇〇〇ドルをアメリカン・ボードの監督下に在米投資を行い、必要に応じて理科学校の経費とするとしています。

これにより、理化学校の設立が可能になったわけで、師弟の感謝と喜びはいかばかりであったか推察されます。

ハリスはハリス商会会長、薬品会社社長、銀行頭取などを兼ねる実業家で、D・W・ラーネッドの母親の知人でした。一八八九（明治二二）年一二月八日付のハリスの手紙（寄付趣意書）は、次のように書かれています。

余は日本に於て基督の主義を拡張し、且つ最良なる基督教感化の下に理科の教育を授くる機会を備へんとの希望を以て、日本京都に在る同志社に連関して一の理科学校を設立し、理科的の教育を施さんが為に金十万弗を寄付すが者なり。

この学校は「現今普通学校科程を充足せんが為に起らんとする基督教主義大学の一部を組織」するものだとも書いてあります。新島襄の考えを下村がハリスを伝え、理解を得ての寄付であったことがわかります。寄付金は当初、建築費一万五、〇〇〇ドル、維持資本五万ドルと指定されていましたが、総額一〇万ドルになるよう、下村の折衝で追加されました。

一八八九（明治二二）年一〇月、帰国した下村は次のような辞令を新島から受けました。

拝啓貴殿今般無恙御帰航相成尚旧ニ依我同志社之為ニ御尽力可被下僕我等一同喜欣満足之至ニ不堪処ニ御座候サテ今回改テ同志社ハルリス理学部教授之名儀ヲ以テ貴殿ヲ奉蒋年給八百四拾円ヲ呈シ将来之御尽力ヲ切望仕候間此段御承引被下度候也敬白

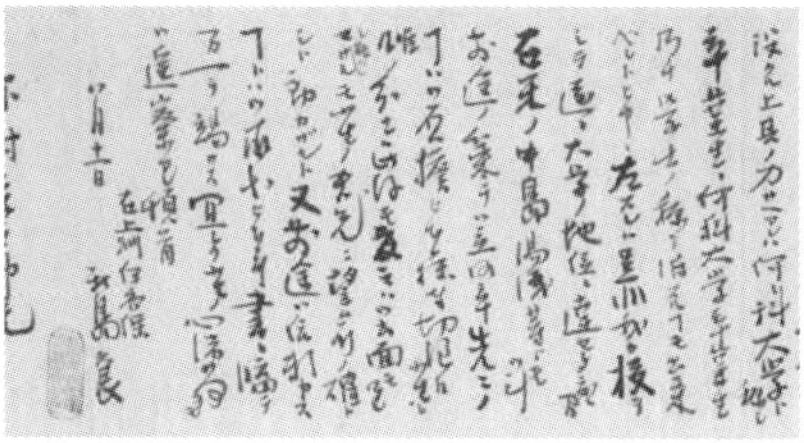
下村孝太郎にあてた新島襄の自筆書簡

当時としては八四〇円は相当高給でしたが、東京大学出身の陶磁器科の山寺教授にも同額を出しています。

J・N・ハリス（一八一五〜一八九六）
アメリカ、コネティカット州、ニューロンドン在住。ハリス商会会長、薬品会社社長、銀行頭取などを兼ねる富豪の実業家。

三、同志社ハリス理化学校の設立

ハリス理化学校の専用校舎は一八八九（明治二二）年一一月一五日に新島も出席して、定礎式を行い、翌年三月二六日に上棟式があげられました。建物の完成と理化学校の開校を誰よりもつよく待ち望んでいたに違いない新島は、その間、一月二三日に大磯で他界しました。葬儀は建築現場の西隣、チャペルの前に大テントを張って、営まれました。柩を現場に接して安置したのは、建築の様子をぜひ見てもらいたかったからでしょう。

新島は死去する直前まで、ハリス理化学学校の設立が気がかりで、一月一〇日に、京都府知事、北垣国道宛に下村孝太郎を紹介して次のような書簡を出しています。

一応閣下ニ拝眉ヲ願ヒ直接京都ニ利益ヲ与ヘ候学科等ニ関シ閣下之御意見ヲ拝聞仕度候（中略）尚下村

氏之応用化学トシテ設立仕度学科ハ染工科陶器科冶金術等ニ有之候得共未ダ確定不仕候学科設置仕候ニ付
閣下ニハ御配意被下候諸事御引立被下候奉願上候

下村の知識が京都府下の職工にとっても利益になることを示唆しています。

その結果、下村はすっかり北垣知事の信任を得て、学校の設立が認可されたばかりか、翌年、下村は北垣の長女とくと結婚することになります。ちなみに次女静子の配偶者となったのが、一八九〇（明治二三）年竣工の琵琶湖疏水の設計と指導で知られる田辺朔郎です。

さて、ハリス理化学館の設計者はイギリスの建築家A・N・バンセルで、彼は一八八八（明治二一）年に来日して、大阪の川口居留地で英語教師をしていましたが、翌年に、ハリス理化学館と神戸クラブ（外国人社交場）を手がけました。建築請負人は小島佐兵衛でした。

建坪は一七七坪強、延坪三四三坪で、正規のイギリス積みが採用されており、当初は屋上の中央後寄りに八角平面の天文台がありましたが、二四年の濃尾大地震の際に危険が予想される状態になったため、一八九三（明治二六）年三月にとり除かれました。

後に、建築史家の近藤豊博士によって、一九六〇（昭和三五）年一二月の調査の時、ハリス理化学館の屋根裏で、桧材、高さ一・八一メートルの棟札が発見されました。

その中央上部には、「耶蘇降生一千八百九十年」としるされ、その下に「寄付者ハリス」「総長新島襄」と明記されています。さらに上部左端に、「明治二十三季三月廿六日上棟」とあります。一八九〇（明治二三）年は、新島永眠の年で、上棟式のときは、すでにこの世の人ではなかったわけですから、棟札には「臨時総長山本覚馬」と書かれるべきなのですが、そうなっていません。あえて「総長新島襄」としるしたのは、この建物の着工の際には新島が健在であり、事前に用意されたからと思われます。理化学館の建築委員には、D・W・ラーネッド、J・D・デイヴィス、下村孝太郎、金森通倫、大沢善助の五名であったことも棟札から知ることができます。

ハリス理化学館

一九七六（昭和五一）年から翌年にかけて、内部に耐震補強壁を設ける改修工事が行われ、一九七九（昭和五四）年五月には、国の重要文化財に指定されました。

四、短命に終わったハリス理科学校

ハリス理化学校は一八九〇（明治二三）年九月に授業を開始しました。全国有数の教員スタッフと設備をもつ大学レベルのサイエンス・スクールでした。下村孝太郎は「同志社ハリス理化学校設立ノ趣旨」と題して発表しました。約二、三〇〇〇字の文章が印刷されました（ここでは理化学校という文字が使われ、後に理科と改められている）。恩師・新島襄の意思を継ぎ、キリスト教主義、科学研究者・技術教育者の養成機関として、下村の技術観を、次のように述べています。

我国ハ早晩工業ヲ盛ニセザレバ其隆盛期ス可カラズ。是ヲ思ヘバ技師ヲ続々世ニ出ス事甚ダ必要ナリ。而シテ此ノ技師タルヤ、技偶ヲ要スル固ヨリ明カナリト雖モ、其道徳亦欠ク可カラズ。殊こ当時百般創業ノ時代ナレバ、道徳ヲ重ズベキハ勿論ナリ。資本家ヨリ托セラレタル以上ハ正直ニ己ノ技偶ヲ施スバ、実こ其事業ノ成否ニ関スルー条ナリ。技師タル者必ズシモー匹ノ動物ノミト云フ可カラズ。必ズシモー個ノ器機ト見倣スベキニアラズ。智カアリテ事物ヲ新こ研究シ、手能アリテ技術ヲ謬テズ、道徳アリテ不正ヲ致サザル信用アル技師コソ是レ現今日本国ノ必要ナレ……（中略）往年故社長新島氏同志社大学設立ノ趣旨ヲ世ニ公ケニシ大ニ天下人士ノ賛助ヲ求メタリ然ルニ米国義侠ノ一紳士ハリス氏之ヲ聞キ本社ノ為メ米金拾万弗ヲ寄附シ理化学校ヲ設立ス昔時英国スミソン氏五拾万弗ノ金ヲ米国に寄附シテ博物館ヲ設ケ米国ノトムプソン氏英国ニ至リテ王家理学院ヲ立テタリ而シテ米国ハリス氏日本ニハリス理化学校ヲ創立ス共ニ天下ノ美談トスベシ夫レ理学ハ一国ノ理学ニアラズ真理ハ宇宙ノ真理ナリ（中略）道徳主義ノ教育盛ナルモ技倆ナキ時ハ実用少ン技倆主義ノ教育完全ナルモ道徳ナキトキハ其用不正ニ陥ルハリス氏拾万弗ヲ日本国ニ寄セント欲シテ殊ニ基督教ノ精神ヲ基トシタル同志社ニ寄送セラレタルハ即チ此辺ノ理ヲ重ジタル所以ナリ

理化学校は、純正理科部と応用理科部との二学科にわかれ、一八九〇（明治二三）年九月、入学

志願者三八名中、三三名を入学許可し、授業を開始しました。下村は教頭職だけでなく、自ら化学教育に従事することを「終身の事業」と心得、新島の期待に応えることを決意しました。

下村は理科学校に手記を残していますが、それによりますと設立当時の教職員は次のとおりです。

校長　小崎弘道
教頭兼化学教授　バチロル・オフ・サイエンス下村孝太郎
生理学教授　ドクトル・オフ・メデシン　児玉信嘉
物理学及ビ独逸語教授　栗生光謙
植物学兼英語教授　バチロル・オフ・アーツ　服部他之助
陶磁器科教授　工学士　山寺容麿、後、飛鳥井孝太郎
薬学科教授　薬学士　小野瓢郎、須田勝三郎
化学助手　中瀬古六郎
図画　西村栄治郎
独逸語嘱託　アルブレクト
数学嘱託　フォーク

化学教授は下村だけであり、化学の大半の講義と卒論指導を行いました。「原理化学」「高等無機化学」「有機化学講義録」など、かなり大部の毛筆タテ書きの講義ノートが残っています。格魯摺母

（クロム）、莫利貌増紐母（モリブデン）など『舎密開宗』的な用語が使われています。陶磁器科は、山寺容麿が一年足らずで辞任したため、東京高等工業出身の飛鳥井孝太郎がその後任になりました。京都での陶磁器の高等教育は最初であるため、注目され、京都の陶磁器職工による実習も含まれていました。飛鳥井孝太郎はハリス理科学校（一八九二年に理化から理科に改称される）閉鎖後、森村市左衛門の誘いで日本陶器へ移り、洋食器生産の製法に着手し、石炭による焼成法に、いち早く取り組みました。日本陶器はフランスやイギリスで主流だった直焔式の石炭窯（徳利のような形をした窯）にこだわっていましたが、飛鳥井はドイツで使われていた倒焔式の窯についても知っていたわけです。

ハリス理科学校当時の下村教頭の影響が考えられます。下村は、このとき築いた炉によって石炭ガスを発生させましたが、これも京都における石炭ガス製造の初めであり、国産コークスの品種改良のため下村が発明した人造無煙炭製造炉のモデルとなりました。

下村はこの時、実用化の可能性を信じ、起業のヒントになったのかもしれません。一九〇八（明治四一）年に「有煙炭を以て割目少き骸炭を製する方法」の特許を得ることになります。

なお、当時の教科書、器具、標本、資料は現在、ハリス理化学館二階に開設されたハリス理化学館記念室に展示されています。

ハリス理科学校が存続したのは七年ですが、下村孝太郎門下には一八九五（明治二八）年に大学部第二種（化学）を卒業した**加藤与五郎**がいます。加藤は在学中、成績優秀を認められ、授業料免除、年二〇円の奨学金を受けています。加藤は後に、創造的な研究を実践してエレクトロニクス分野で世界三大発明の一つと言われているフェライトを発明して有名になりました。東京高等工業学校（後の東京工業大学）教授として、自ら三〇〇件の特許を取得するなど、教育面でも「創造的な人間になる」ということを強く求めて、創造性開発の教育に情熱を燃やしました。加藤与五郎の驚くべき行動力の源は、「日本を学術および応用において世界のリーダーとしたい」という高い目標と「発明を工業化して社会に役立てる」という大きな使命感でした。同志社時代の教頭兼化学教授・下村孝太郎の薫陶のたまものだと思います。

加藤与五郎に続き、一八九六（明治二九）年卒業生には、後に東大教授となった**三宅驥一**がいます。そして、三宅が卒業した翌年に、ハリス理科学校は廃校に至ります。三宅はその存続を図るべく尽力しましたが不調に終わり、やむなく同志社を去って、一八九七（明治三〇）年に東京帝国大学に入学しました。

加藤与五郎や三宅驥一のような英才を出し、地元、京都の産業振興に大きな期待もかけられましたが、閉鎖の止むなきに至ります。短命に終った最大の理由は、それが専門学校令（一九一一年）や大学令（一九一八年）に依る高等教育ではなく、しかも同志社のようにキリスト教主義にもとづく私学は、はじめから官学と対等の条件を与えられていなかったからです。さらに下村教頭の辞任

ハリス理科学校第３回卒業式記念（後列右から３人目、下村孝太郎）

がハリス理科学校の廃止を決定的なものとしました（下村は三六歳）。寄付行為に関して同志社理事と意見が合わなかったのがその理由です。

すでに新島亡き同志社には、下村を引きとめる強いきずなもなかったようです。ハリスもまた一八九六（明治二九）年に死去しました。日本の科学技術教育政策は、官僚的なドイツを範として、それに輪をかけた官僚性を発揮し、政府が私学の科学教育を援助したのは、ようやく第二次大戦後でした。ハリス理科学校が存続するためには、財政的にも第二、第三のハリスを必要としたことは間違いありません。

早稲田大学の前身、東京専門学校も一八八二（明治一五）年に創立された時、理学科を置きましたが、学生が思うように集まらず、二年半で廃止され、復活したのは大隈重信が総長に就任した一九〇七（明治四〇）年になってからでした。

加藤与五郎（一八七二〜一九六七）
愛知県出身の化学者。「フェライトの父」といわれる理学博士。同志社ハリス理化学校大学部第二種化学科卒業。京都帝国大学理工科大学純正化学科卒業。アメリカMITのノイス教授の研究室へ留学。東京高等工業学校（東京工業大学）教授。武井武とともに発明したフェライトは全世界に大きな影響を与えた。資源化学研究所の初代所長。文化功労者。同志社大学名誉文化博士。

三宅驥一（一八七六～一九六四）

兵庫県出身。同志社普通学校、ハリス理科学校卒業、東京帝国大学理科植物学科選科に入学、選科修了後コーネル大学に学び、博士号を取得、さらにボン大学で研究を続ける。帰国後、同志社普通学校講師を経て、一九〇六年）、東京帝国大学農科大学講師に就任。助教授、教授になる。

第七章　石炭化学の先端技術と下村孝太郎の起業動機

一、明治維新期の理化学教育と先端技術

石炭化学が産業振興の成否を占う時代が到来し、下村孝太郎は新島襄の偉業を継続すべきか、それとも実業界へ転身し、自ら培った技術を活かし、国家社会へ別な形で貢献すべきか悩むことになります。そこで、本章では下村の起業動機となった時代背景と、石炭化学の分野で石炭乾留による副産物回収の技術が必要とされた新製品開発の必然性について述べることにします。

幕末から明治維新期は、欧米において産業革命により資本主義が確立され、新しく科学的能力のある技術者が必要になり、その教育には科学技術の学問的体系化による普遍性が要求され、科学と技術が一体化した産業工学が生まれたのは、時代の必然的ニーズでした。

日本の自然科学はやはり長崎のオランダ商館での教授で始まったと考えてよいと思います。シー

ボルト以降、歴代の蘭医が医学の伝習とともに、海軍伝習所で、物理・化学を教授しました。医師兼物理・化学教師J・K・ファン・デン・ブルクが来日してから継続的に実施されるようになりました。

ブルクは医学のほかに、物理・化学の自然科学と、近代技術にも造詣が深く、自分で組立てた電信装置を、長崎奉行たちに実演して見せて、名前を知られるようになりました。

ブルクは筑前藩主黒田侯の知遇を得て、九州諸藩や水戸藩など幕臣も含めて、多くの藩士たちに舎密（化学）、窮理（物理）、測量、算術などの学問、さらに電信機、蒸気車（模型）などの実験教育も実施して、そのほかに蒸気機関、造船、砲術、製鉄、炭坑用安全灯など、広範囲にわたり、それらの原理、製造法を教えています。

ブルクは、海軍伝習所で物理学の講義の際、ファン・デン・ブルクの『自然科学基礎入門』を使っています。この本は現在の物理学、工学にわたり、広く科学技術を網羅していて、一〇章、八六節から編集され、全部で八〇六頁と、当時の最新科学技術教本としては申し分のないものでした。

ブルクが伝授した科学技術は、最新の学問、知識で幕末の日本に大きな影響を与えて、彼は一八五七（安政四）年に日本を去りましたが、明治維新による、文明開化を科学技術の面から、幕開けを告げる役割を果しました。

当時、文明開化の社会的なインフラとしては、蒸気機関、電気、電信が柱になっていました。それらの技術を集約して製品化の道を開いたのが佐賀藩でした。

その最も中心的存在として、自らの独創性と技術移転を成功させたのが、**田中久重**（東芝のルーツ）です。一八五三（安政元）年から幕末の風雲急を告げる頃、田中久重は、西洋の先端知識の吸収にも積極的だった佐賀藩主・**鍋島直正**や**佐野常民**の熱心な誘いで、佐賀行きを決意しました。

彼は佐賀藩のために汽船電流丸の汽罐をつくり、凌風丸を竣工させます。その他、蒸気機関車の雛形、大砲、アームストロング砲、さらには電信機の製作などに携わりました。

中でも田中が六七歳の時に建造した蒸気船は、小型ながらも日本で最初のものであり、ペリーが蒸気船で来航してからすでに一二年が経ってはいたものの、それは紛れもなく日本の船舶史に新たな一ページを開くものでした。このように佐賀藩を薩摩、長州に並ぶ先進藩にしたのは田中久重の存在あってのことです。

一八六八（明治元）年、江戸城無血開城で、明治維新になり、田中が働いた藩営の製鉄所は閉鎖され、田中は故郷である久留米に戻ります。そして、自ら設置した久留米製鉄所で火薬やレミントン銃を製造したり、今まで蓄積してきた技術の上に、発明創造に力を入れ、傘ろくろ製造機、精米機、昇水機などの数々の機械をこの時期に発明します。さらに、写真機、蒸気自動車などの製造にもあたっています。

当時、蒸気にならぶ文明の利器である電気の利用は、実用では電気メッキ法、電気時計、通信などが緒についたばかりで、通信（電信）が急速に地球上の距離を縮め、西洋では「伝信機の発明を以て世界を狭くせり」といわれました。

電信技術は佐賀の人脈が次代に引き継ぎ、育っていきました。佐賀藩出身の最初の牽引者は**石丸安世**（工部省電信頭）です。

一八六九（明治二）年、明治新政府は東京から横浜間に電信線を架設し、初めて通信事業を開始しました。一八七一（明治四）年に長崎・上海間海底通信ケーブルが敷設され、引き続き長崎から東京間の電信架設工事が施工され、二年間かけて一八七三（明治六）年に完成しました。

さらに一八七四（明治七）年には北海道・九州間の主要幹線が整備され、短期間に国内電信線が敷設されましたが、電気の利用は弱電分野の通信が、実用化の段階に入った時代です。

一方、石丸は得意の英語を生かして佐賀藩出身の技術者や学生を集め、英語塾も主宰しました。その中に、**志田林三郎**もいました。志田は数学の才能を見いだされて工部大学校に進学し、電気工学を専攻した逸材で、石丸から強い影響を受けた一人でした。

明治政府としては産業技術の振興の中で、国の近代化には電信網を整備し、電信機を普及させることは近代国家とした必要不可欠でした。

さて、先端技術の教育機関として、工部省の工部大学校による教育は前述のように蒸気機関、電気、電信としいったインフラ系には効果をあげましたが、教科の上では実地化学（応用化学）という科目がありましたが、化学の基本技術の産業化は明治の後半に持ち越されました。

田中久重（一七九九〜一八八一）
青年時代には「からくり儀右衛門」といわれ、日本的技術、職人芸を身につけ、独創性ある製品の発明とモノづくりで才能を発揮電信機の国産化に成功し、やがては現在の東芝の前身となる日本で最初の民間機械工場を設立するなど、わが国の近代科学技術の基礎を作った。

鍋島直正（一八一五〜一八七一）
鍋島斉直の十七男。一八四〇（天保元）年、佐賀藩の一〇代目藩主となり、藩財政改革をはじめ諸改革に取り組む。大銃製造方を置き、一八五二（嘉永五）年には洋式鉄製大砲を日本ではじめて製造するなど、産業近代化と軍備の強化を進めた。公武合体も斡旋し、維新後は議定職、開拓使初代長官を歴任した。

佐野常民（一八二三〜一九〇二）
父は佐賀藩士、藩医佐野常徴の養子となる。藩校弘道館を経て江戸、大阪、京都に遊学し、緒方洪庵のもとで学ぶ。その後、長崎海軍伝習所に入り、新しい技術を習得する。一八六七（慶応三）年、パリ万博には藩代表として派遣され、一八七二（明治五）年にはウイーン万国博覧会副総裁となる。以後、大蔵卿、元老院議長、枢密顧問官などを歴任。一八八七（明治二〇）年に日本赤十字社、初代社長となった。

石丸安世（一八三九〜一九〇二）

イギリスへ留学。先端技術を学び帰国し、明治政府では工部省の初代電信頭となる。有田窯業界に新技術を伝え窯業の発展などにも貢献。東京から長崎間の電信仮設工事を一年で完成。続いて東京から青森間も完成させた。

志田林三郎（一八五五〜一八九二）

多久市生まれ。佐賀藩から学資を支給され東京に留学し、石丸安世に勧められ、工学寮で電信学を修めた。工学博士第一号。東大教授や逓信省初代工務局長などを歴任し、高速多重通信や光利用通信など独創的、先端的な研究で電気工学のパイオニアであった。

二、産業振興と八幡製鉄所の稼働

わが国の近代経済は、開港後約三〇年、明治政府成立から数えて約二〇年にして条件整備の時期を終え、離陸期に入りました。一八八六（明治一九）年から一八八九（明治二二）年の投資ブームがその最初のあらわれでした。すなわちこの時期、国内的には先駆的企業の成功に加えて、松方財政によるインフレの収束、日本銀行兌換券の発行、これらにもとづく金利水準の低下に刺激され、国際的には円為替の下落と貿易、輸出額の増加などを背景として企業設立が相次ぎ、起業ブーム状況を呈しました。

しかも従来の企業熱が主に銀行や繊維などに限られたのに対し、この時期の投資は農・商・工・鉱・運輸などの多分野におよびました。企業のタイプでみますと、①鉄道、紡蹟、保険、海運など株式会社形態の大企業、②製鉄、鉱業、造船、商社など同族出資の大企業、③養蚕、茶など農民の協業的組合の性格をもつ中小企業、④味噌、醤油など個人ないし同族出資を主体とする中小企業です。

企業熱の中心となったのはこのうち鉄道、紡績および鉱業の三業種でした。それぞれ経営多角化の戦略のもとに、三井が三池炭坑を手に入れ、三菱が筑豊炭坑に進出したのも、この時期でした。また具島、麻生、安川、大原らの地方財閥も地域に密着した発展の基礎固めに成功しています。

鉱業が主に大、中の財閥によって経営されたのに対し、鉄道、紡績会社は都市商人や地主など多数の株主から資金を集中して設立されました。そして鉄道では山陽、九州、北海道炭鉱鉄道会社が発足し、すでに開業している官営の東海道線および日本鉄道会社を加えて、ここに幹線鉄道が整備されることになりました。

次に日清戦後に第二の産業ブームがやってきます。日清戦争の勝利にともなう巨額の賠償金（約三億六、〇〇〇万円）の獲得など特需に刺激されて、一八九五（明治二八）年下期から一八九七（明治三〇）年にかけて再びめざましい企業勃興を迎えました。ブームの中心は製鉄、鉄道、紡績、銀行の社会資本、インフラの充実でしたが、特にこの時期に注目されるのは、官営の八幡製鉄所です。

一八九六（明治二九）年、製鉄所設立が発表され、設備資金には賠償金が使われ、一九〇一（明治三四）年に第一号高炉に火入れされました。しかし銑鉄の練成に失敗し、東京大学の野呂景義教授の指導でようやく一九〇四（明治三七）年に稼働開始しました。この八幡製鉄が本格稼働するのは、明治四〇（一九〇七）年を待たねばなりませんでした。

原料であるコークスの改良のため、当時、大阪舎密工業を立ち上げ、副産物回収コークス製造炉の稼働に成功した下村孝太郎の技術指導を受け、ソルバー式コークス炉が三基完成、稼働してからです。一九〇八（明治四一）年から一九一〇（明治四三）年の第一期の製鉄所の拡充が行われ、コークス炉が一九〇七（明治四〇）年から一九〇七（明治四二）年にかけて一五〇炉を建設されました。このソルベー炉の建設が、同所のみならず日本の鉄鋼技術の発達のなかでどれほど大きな意義をもつものであるかは、後の章で詳述します。

なお、八幡製鉄所は、ソルベー炉の建設で副産物を販売したためにコークス製造費を下げるという経済的効果をあげることができ、ひいては銑鉄の製造原価も下げることになり、一九一〇（明治四三）年には八幡製鉄所創業以来、初めて黒字に転ずることができました。

このように、重工業部門は他の部門に比較して一般に立ち遅れていましたが、造船業、鉱業において発達がみられ、三菱造船所、川崎造船所が軍艦の建造など、造船奨励法による保護を受けて急成長します。

このように当時、基礎産業で製鉄、鉄道、紡績および鉱業がリーダーとなり、産業振興と企業経営活動を支え、企業の成長と国民の生活の向上をもたらしました。

一方、国の基幹産業の分野は資本の投下額、従業員数など企業規模は大きくなり、個人事業の規模をはるかに超え、大企業型の事業規模になっていきます。

下村孝太郎が起業した、大阪舎密工業は大阪瓦斯と合併し、さらに日本染料製造は住友化学と合体し、大企業化しました。装置産業のため、増産するには常に、設備投資が必要な事業ですから当然といえばその通りですが、下村の開発した特許や技術ノウハウは会社のコア・コンピタンスとなって生き続けました。

三、技術者型企業家の登場

近代産業は外国からの先進技術の導入によって創設されたため、科学技術に通じた技術者的企業家が不可欠の存在となりました。技術立国が国策でもあったので、海外から技術者、大学教授の招聘、日本からの欧米先進国への留学など人材育成にも力を注ぎました。

一方で、この時期に、自らが発明家、技術者であるとともに技術志向の事業家が出現しています。

たとえば、電信技術の田中久重、造船の**川崎正蔵**、紡績技術の山辺丈夫、菊池恭三、製紙業の大川平三郎、電気業の藤岡市助、織機の**豊田佐吉**、時計の服部金太郎、造船の川崎正蔵、精密機械の**島津源蔵**、楽器の**山葉寅楠**らです。

かれらはいずれもその道の権威者であると同時に経営者としても優れた才能を発揮しました。下村孝太郎も技術者型に入りますが、化学工業での起業はめずらしい存在で、しかも同志社ハリス理科学校の教授、研究者からの転身として、注目されました。

彼らがベンチャー経営者のモデルとしてどのように製品、産業技術を選択し、それを開発、製品化し、マーケットに導入したか、その契機となった動機、技術修得の手段、市場投入までの苦難、市場にいかに定着し、普及させたか、さらにその後の製品、関連分野の進出など事業の成功につながった要因などの解明は、近代経営史の骨格を形成するものであり、まさに、現在の経営に通ずるものです。

彼らはもって生まれた素養が常人に比べて極めて高く、自ら発明した創造性ある技術、アイディア、事業センスは現在の世にも十分通用するものであり、その意味ではイノベーションの経営を実践した創業者たちでした。

川崎正蔵（一八三七～一九一二）

呉服商の長男として生まれる。一九才で家督を相続、独学で英語など学問を修得し、長崎に出て貿易商の修行も積み、大阪で海運業を始める。一八七四（明治七）年日本国郵便蒸汽船会社の副頭取に就任し、琉球航路で砂糖等の沖縄物産を独占的に扱い、蓄財に成功した。一八七八（明治一一）年に造船業に転じて、東京築地で川崎築地造船所を、一八八七（明治二〇）年に神戸に川崎造船所を設立し、現在の川崎重工の基礎を築きあげた。

豊田佐吉（一八六七～一九三〇）
一八六七（慶応三）年に、遠江国（現在の静岡県）に生まれた。簡単で能率のよい糸繰返機（かせくりき）や自動織機を発明。豊田自動織機を創業した。数々の発明を生み出し、自動織機の改良を続け、特許を八四件、実用新案権は三五件を取得している。

島津源蔵（一八三九～一八九四）
初代・島津源蔵は、仏具三具足の製造をしていた父清兵衛の二男として生まれた。父清兵衛に従って家業を継いだ。京都の殖産振興の一環で開設された舎密局等へ足繁く通い、理化学器械製造に転換。創業二年目で「錫製ブージー」と呼ばれる手術用の細管部拡張器を開発したほか、数々のオリジナル製品を発明、開発し、島津製作所を創業した。

山葉寅楠（一八五一～一九一六）
山葉寅楠は、紀州（現在の和歌山県）徳川藩士で、天文係をしていた山葉孝之助の三男として生まれた。静岡県浜松市で一台の壊れたオルガンの修理をきっかけにして、オルガン製作を決意し、一八八八（明治二一）年、浜松に合資会社山葉風琴製造所を設立し、一八九七（明治三〇）年には資本金一〇万円で日本楽器製造株式会社を設立し、初代社長に就任した。

四、石炭化学の勃興と技術革新

製鉄業の発展にともない、石炭の乾留で得られるコークスが大量に使用されるようになりました。石炭からコークスをつくる際、石炭ガス、アンモニア、コールタールが副産物として生産されます。石炭ガスは都市ガスとして燈火や燃料に利用されました。一九世紀の霧のロンドンを照らしたのはこのガス燈でした。

アンモニアは硫酸で中和して硫安にして、肥料になります。コールタールは長い間不要物として製鉄工場の片隅に放置されてきましたが、乾留操作によって分解、生成することによって、ベンゼンやトルエンが発見されました。さらに、フェノールやアニリンをはじめとして数々の芳香族化合物として分離され、石炭化学の進展に大きな役割を果たしました。ベンゼン等の芳香族化合物は人工色素などの化学製品、初期の化学工業の主要な製品の原料となりました。

一九一〇（明治四三）年ごろ、フリードリッヒ・ベルギウスによって石炭の液化法（ベルギウス法）が開発され、ドイツや日本など油田が確保できない先進国によって、盛んに実用化のための研究が進みました。

このように、石炭は乾留することによりさまざまな化合物が生成されますが、主成分は炭素と水素ですから、有機化学の知識が必要であり、日本で石炭乾留を実用化し、事業化に成功したのが同志社出身の下村孝太郎が最初でした。そして、コークス製造の過程で生じる石炭ガスやコールタールは現在でも利用され続けています。下村の技術は現在も生きているのです。

かつての石炭化学で合成されていた数多くの化学製品は、二〇世紀前半に石油化学が誕生し、その後ベンゼンやトルエンが蒸留や精留によって得られるようになると、化学原料の主流は石油化学へ移行しましたが、石油資源の有限であることが認識されるにつれ、石炭の液化が再び注目を浴びています。

特に中国の石炭埋蔵量は世界の一五パーセントを占めており、石炭化学工業の将来性は大きいといえましょう。中国当局は二〇一〇年には、石炭のオイルへの転化、石炭ガス化を含めた石炭転化製品の生産高五〇〇〇万トンの実現をめざしていることを明らかにしました。

そして、豊富な石炭を原料に石炭化学を推進し、いかなる種類の石炭も化学工業の原料となりうるよう新技術開発を進めています。

五、石炭化学での下村孝太郎の起業動機

企業家のなかには、政府の殖産興業政策に対応し、これに協力することによって発展の契機をつかんだ政商型企業家もいました。三井家や三菱の岩崎弥太郎はその代表で、前者はおもに政府の金融事務を代行し、後者は政府の意向を受け、海運業を興し、やがて外国海運会社の駆逐に成功し、この過程を通じてそれぞれ後年、大財閥として発展する基礎を築きました。

次に、地方の名士として地方産業の発展に貢献した人物として、繊維の**大原孫三郎**、伊藤伝七、製糸業の片倉兼太郎、銀行業の黒沢鷹次郎らがいます。そしてこれらの事業家に共通しているのは、その活動タイプのいかんにかかわらず、また出身階層や教育環境などの相違はあっても、彼らの起業動機は、前述の渋沢栄一の影響もあり、経営哲学として、国家意識に裏づけられ、起業に際しても公益優先の立場をとっていたことです。

下村孝太郎

私利のために政府を利用するのではなく、逆に国家的殖産事業に自己を賭けるという意識が強く、先進国に追いつくために、企業家精神の中核に国家意識があったということです。

それゆえに国家への貢献度という点では、軍人や官僚にも勝るとも

劣らない理念をもっていました。

基幹産業の製鉄業の振興と並行して石炭化学の勃興が始まりましたが、下村孝太郎も当時、日本の有機化学分野の製品は海外からの輸入に依存し、未開拓市場であることを認識し、なんらかの形で石炭化学で国家に貢献できると考えていました。

自分が第一人者・レムゼン（ジョンス・ホプキンズ大学大学院教授）の門下というプライドもあり、使命感をもって、「人の真似をせず、まったくわが国に於いて、これまでに無い事業を始める」が起業動機となりました。

また、下村の有機化学工業は研究開発型の装置産業であり、生産のための工場設備が必要でリスクも大きかったわけです。多額の資本が必要であったのと国益を重視した大物実業家の支援が不可欠でした。さいわい、日本銀行出身の大阪の実業家、**外山修造**（長岡藩・河合継之助の弟子、阪神電気鉄道の創立者）の支援が得られたので事業を開始することができました。

官営の八幡製鉄や大阪瓦斯へのガス供給に下村の技術が活かされることは、公益にも合致することでした。また、何よりも、新島襄の弟子として、倜儻不羈で誰にも依存しないで、自らの技術力、独創力で起業化できることが誇りだったのです。

大原孫三郎（一八八〇～一九四三）
父祖から受けついだ財産をもとに、倉敷紡績を育て、クラレを興し、中国銀行、中国電力の礎を築いた。事業家でありながら、社会事業、文化事業にも熱心に取り組み、倉紡中央病院、大原美術館、大原奨農会農業研究所、倉敷労働科学研究所、大原社会問題研究所などを設立。

外山修造（一八四二～一九一六）
新潟県に生まれる。河合継之助の弟子。継之助より「商人になれ」と遺言を受ける。日本銀行大阪支店長時代、アメリカで学んだ知識をもとに、大阪の銀行業者を集め、商業興信所を設立。一八九三（明治二六）年には阪神電鉄の初代社長に就任。アサヒビール、大阪舎密の設立にもかかわる。著書に『鉄道賃金引上論』がある。

第八章　近代の技術革新と下村孝太郎の貢献

一、産業技術発展のための人材育成

明治の工業化諸段階における産業技術の発展は、その方法が、「国家による移植」という点において基本的な特徴がありますが、その過程は少なくとも、どのような産業技術がどのような契機、必要性、順序によって導入・移植されたか、そしてその導入・移植された産業技術は、いかに定着し、自立化し、その後、産業技術の普及・高度化につながったかを評価してみる必要があります。

製鉄や造船などの基幹産業での官営事業の創設、民間企業の保護育成、外人技師の雇入など、産業技術の発展を促進させる諸方策がとられました。また、企業家精神の成熟、学制の施工、高等技術教育など教育の普及、国民の「達成意欲」の醸成といった人材育成の効果も看過しできません。

そして、産業技術の発展に直接的な影響を及ぼしたのは、産業技術の実質的な「担い手」である事業家たちです。とりわけ発明、製品開発で先行したベンチャー経営者を中心に、技術者、熟練職工が加わって生産工場を組織化したことは、量産体制の確立につながりました。その結果、需要創造と製品の普及に大きな役割を果たすことになります。

さて、産業振興と技術の急速な発展を可能にするためには、産業発展の基盤となる諸条件の整備が欠かせないわけですが、とりわけ技術者など人材養成が不可欠でした。そこで欧米先進国から教師を招き、高等教育を開始します。

まず、最も有力な機関として、前述したように、一八七一（明治四）年八月の工部省の工学寮に起源をもつ工部大学校が設立されました。イギリスから招聘された技師たちの指導のもとに、理論研究と実地修練を組み合わせた高度な工学教育が行われました。工部大学校は一八八六（明治一九）年、東京大学の工芸学部と合併して、帝国大学工科大学の母体となり、さらに工業関係の基礎教育と実習のため、製作学教場という速成教育機関（東京工業大学の源流である）もおきました。

このように、国策による技術系人材の育成が急ピッチで進められ、洋式技術の導入・移植が、大規模かつ急速に遂行されることになります。

新島襄は、一八七五（明治八）年に同志社英学校を設立して以来、理工系技術者を育成の必要性を感じていて、京都の近代化に取り組む北垣知事や同志の山本覚馬らの地元の熱い技術者養成に応えるため、理工系の学部を創る決意をし、第六章で述べた同志社ハリス理化学校となって実現します。

新島のこの事業を継承した下村孝太郎は、第六章で述べたように、純正理科部と応用理科部を置き、授業では単に理論教育だけでなく、実験や研究開発からの実用化の教育に力を注ぎました。特に炉を建設した化学実験で石炭ガスの発生に成功したことでもわかるように、下村教育そのものが、生きた研究、実用化実験であったことがわかります。その理念は、独立起業後に活かされることになります。

二、下村孝太郎の新製品開発イノベーション

日本の近代化をつくった創業経営者たち、数々の発明とモノづくりの原点を示してくれました。未知を恐れず、チャレンジし、できた製品で満足し、よろこぶ。つまり、「世の中の役に立つ」「人を喜ばせたい」という社会倫理観を持ち、技術力を製品に転化させることでした。技術経営者の共通した理念は、下村孝太郎ように、独創的な製品開発は時代のニーズに応えることでした。

新製品開発における革新性といった場合、通常まず考えるのが技術的革新でしょう。技術的革新は、新技術によってまったく新しい機能や効用性を付加したり、画期的な用途を開発ことで実現します。日本の近代の技術革新は欧米先進国からの技術移転がベースになっていましたが、日本の国情に合わせた新技術による独自性の発揮も必要になっていました。

下村は自分の従事する工業は有機化学に関係あるものであること、そして人の真似をせず、わが国にこれまでない新しい事業であることが開発の理念でした。

近代産業の振興の上で、鉄鋼産業は基礎産業であり、そのための良質の原料確保は国策となっていました。官営・八幡製鉄所の本格稼働による鉄鋼生産は日本の産業の命運を担うものでした。そのため、製鉄における高炉の原材料も輸入炭だけでなく、国内炭を利用することを国策として、どうしても実現したい課題でした。

このような背景から目にとまったのが下村孝太郎の技術であり、本業の化学工業だけでなく、国の基幹産業である鉄鋼業界に貢献することになります。

下村は独創的な新技術でコークス製造に成功したからです。下村の真の功績は、副産物回収炉の導入よりもむしろ国産の原料による独自の配合技術でコークスを開発したことにあります。外国技術だけに頼らず、また輸入炭に依存しないで、国内炭の需要を増やすべく、新技術で新燃料であるコークスを開発したことは、まさしく、イノベーションでした。下村のこうした既存の技術に頼らず、新技術の開発などに挑戦したベンチャー魂こそ、下村の真骨頂として評価されます。

そして、開発成功まで、比較的短期間でなしとげ、競争ライバルがまったく存在しないというベンチャーにとっては理想的な展開でした。大規模企業にもできない、独創的技術力がそれを可能にしたわけです。

三、基本技術・設計と製造の融合

下村孝太郎は自らの技術論として「技師に次の四種あり。第一、設計技師、第二、建設技師、第三、製造技師、第四、研究技師これなり。技師は多少以上の四科の事に通ずべきも、結局その中の何れか己の得意とする処あるべし。大体に云うときは事業の発端には設計、建設が重なる仕事なり。事業既に成立し、営業の途に進行する時は製造、研究技師最も重宝がらるるなり」といっています。新製品開発には初期の設計・デザインに続いて、試作を通じて応用技術、生産技術を確立することが、新製品を完成品に導き、コスト競争力をつけるためにも欠かせません。

物づくりの原点は、「良い製品を、できるだけ早く、低価格で市場に出す」ことにつきます。下村がいっているように、事業の発端には設計、建設が重なる仕事、つまり、設計と製造の距離を作らず、物づくりのプロセスを省略しないことがポイントです。今の技術用語でいえば、コンカレント・エンジニアリング(4)（CE同時進行技術活動）です。

新製品開発は基本技術、設計と応用技術、生産設計をいかに融合させるかがポイントだからです。最初の設計段階で、できる限り現実に近いモデルを開発・設計し、試作なしに一気に生産ラインへともっていくやり方です。

製造要件をいかに設計段階で盛り込むことができるかが重要なのです。設計段階で、実際の金型や組み立てラインでの作りやすさを盛り込まないと、完成度の高い製品はできないということです。また、品質維持とコスト削減のため、設計、生産の組織の壁を取り払って取り組むことで、開発スピードをあげ、大幅なコスト低減にもつながります。

そこで重要なことは、前述のように設計時に製造要件を盛り込むことです。下村孝太郎のように一人で設計から製造までやれば簡単ですが、量産を前提にしている場合は設計と生産をシームレスにした生産技術のノウハウを情報共有化して反映させることが欠かせません。現在では設計図も文書、数値もすべてデジタル化することが可能ですから、下村孝太郎のコピーを何十人、何百人にすることが可能になりました。

ＣＥのねらいは開発期間の短縮や開発効率の向上にありますが、それだけではありません。異なった開発分野の技術者間の情報共有化と相互連携を促進し、製品の機能や品質の改善やコスト低減をもたらします。

注

（４）concurrent engineering ＣＥ同時進行技術活動。製品開発において概念設計、詳細設計、生産設計、生産準備など、各種設計および生産技術、製造計画などの工程を同時並行的に行うことをいう。さらに広義には、企画・開発から販売・廃棄に至る製品ライフサイクルの各段階に関連する部門が、製品の企画や開発、設計などの段階に参加・協働することをいう。

四、コア・コンピタンスを強みに選択と集中

開発期間を短縮し、競争に勝つためには、優れた製品をつくるためには優れた研究開発能力、生産技術が欠かせません。すなわちコア・コンピタンス(5)（核になる強み）が必要です。コア・コンピタンスは他社に比較して、優越した独自の技術やスキルを指すわけですが、だからといって企業の得意分野に資源を集中する専門化戦略だけが戦略ではありません。一方で、複数の分野で事業を展開する多角化のための製品開発も必要です。

下村孝太郎のコア・コンピタンスは起業した大阪舎密工業での石炭乾留による副産物回収式のコークス炉であり、主製品のコークスだけでなく、副産物としてのガス、コールタールからベンゾール、ナフタリン、そして染料としてナフタリン系合成染料シミアン・ブラック他七種の染料が開発されました。

いずれの製品も、下村が起業の際に決めた「自分の従事する工業は有機化学に関係あるものであ

ること」の有機化学に絞り込まれた分野であり、その選択と集中は見事でした。

一般に競争力の高い製品開発ができるのは、優れた研究開発システム、強力な開発部門による独自の開発能力の蓄積により、選択と集中の意思決定の速さにあるといわれます。

下村のように、自らの工場と研究所を一緒にし、多角化した製品（日本染料の製品）も隣接地に建設するなど、パワーを分散せず集中したところが理にかなっています。

下村の理念は理論と実地とは合致すべきものと確信していましたから、今まで工場建設に未経験でしたが、自から責任を負って工場を建設したのだと思います。

研究開発だけでなく実地に製造することによって、はじめて技術の優秀性と製品化が立証できると考え、ハリス理化学校時代の実験を活かしました。

また、専門化によるコア・コンピタンスと多角化による収益拡大という絶妙なバランスの上で経営が安定するのはよくあるケースです。

トヨタのように、自動車業界で、客層に応じて、デザインや技術を多角化して車種を増やすケースもあれば、川崎重工のように、造船技術を使って、鉄道車両や飛行機まで市場を多角化するケースもあります。ヤマハでは楽器という分野でピアノ、オルガンだけでなく、金属、電子技術を使って多様化し、多くの製品群に市場を広げてきました。このように、コア・コンピタンスをキーワードにして、専門の事業分野で技術を多角化することと、同じ技術を汎用化して、市場を多角化することの両方が可能になります。

要は市場や顧客の動向を中心に自社資源の選択と集中で新製品開発にあたることです。これらの戦略は自社の力だけで実行する方法もありますが、現在は手っ取り早い方法としてM＆A（買収や合併）という手段も選択肢です。

下村の石炭乾留による副産物回収の技術は有機化学を出発点にし、鉄鋼、染料と多角化し、複数の業界に製品が多角化していきました。

そして、大阪瓦斯と大阪舎密工業は技術と総合力を高めるため、一九二五（大正一四）年に両社は合併しましましたが、両者にまたがる下村孝太郎の技術がキーワードになりました。

注

（5）Core Competence　企業の中核となる能力や適性のこと。企業が持っている独自のノウハウや強み、能力をいう。「顧客に対して、他社には提供できないような利益もたらすことのできる、企業内部に秘められた独自のスキルや技術の集合体」と定義される。

五、装置産業としての業務提携と合併

一般に化学工業のような装置産業は資本の集約度が高く、膨大な資本力を必要とします。下村孝太郎の起業した大阪舎密工業も大阪瓦斯に、日本染料は住友化学に共にM&A(6)により。衣替えし、現在は大規模な大企業になっています。

先端技術の業界ほど技術革新が速く、今日の優位性がいつまで続くとは限りません。したがって、企業は研究開発費を増大するばかりか、資源の集中がままならないのが現状です。

そのため、他企業と開発の提携をしたり、業務提携戦略が重要になってきました。

半導体、液晶ディスプレーなどでは、かつてはライバルでしたが、今では開発、生産で提携したり、次世代の新製品開発で協力しつつあります。

前項で述べましたように、グローバル市場を考えれば、開発、設計、生産、生産、部品調達、配給、修理サービスなどで企業間競争ばかりでなく、合従連携を通じて設計、試作などの開発を行い、いち早く世界中の市場へ製品供給した方が得策です。

また、M&Aはよく、時間と人的資源を金で買うといいますが、新製品開発の分野でいえば不足している技術を補完し、開発期間を短縮する手段となり、有効な経営手法になります。

また、研究開発型企業が自社で商品企画、設計を行い、試作や生産において、外注工場を利用したりするのも、連携型の一つであり、中小企業の新製品開発の方向にも共通したソリューションといえます。

下村孝太郎の場合も大阪舎密工業でソルベー炉を建設し、基本技術の確立と製品化にメドを立て、石炭乾留の副産物の販売は他社に依存して、提携したり、他社へ技術供与という形で業務提携する方法をとり、適正規模の維持に努めています。

しかし、産業界が大量生産、大量供給時代になりますと、中核技術は特許権で確保し、大企業との合併という選択をしています。

注

（6）Mergers & Acquisitions　Mは吸収合併でAは企業をまるごと買収すること。広義には合併、営業譲渡、それに資本参加（第3者割当増資による新株の引受、株式市場での株の買い集め）などを指すが、狭義では単にＴＯＢ（株式公開買付）を指すことがある。

六、新規性の維持と技術の陳腐化を防ぐ

特許、実用新案など独創的な製品や技術で差別化し、既存の市場ではなく、新規市場を開拓できる場合は圧倒的に有利になります。

いかに市場を創造し、顧客を開拓していくかという戦略で、差別化できる新製品の開発を第一義に考えることです。特許製品、知的財産権で武装された技術や製品であればいうことはありませんが、短期間でシェアを最大化し、競争相手が現れない内にハイスピードでブラントイメージを確立し、目標に到達することが理想です。

したがって製品の優位性を維持するためには、

一、想定できる事業分野と市場規模
二、新製品の新規性、差別化
三、市場の潜在性と需要創造による成長性
四、競合他社の実力と優位性
五、市場の特性（立地、顧客層、価格など）

など、競争優位の要件をつめることになります。

そこで、誤りやすいのは、業界やライバルの過大な評価、過去の数値の分析、加工に終始し、その背景なり、戦略の分析が十分行わないことです。技術が優秀で、しかも知的財産権でも取得していれば、小が大を制することが可能なのです。

また、ニッチ市場、マーケティングミックスのスキマもたくさんあります。参入障壁と競争力をチェックしますが、強者と弱者の戦略は異なります。つまり、前提となる仮設、情報を整理し、ターゲット、勝負どころを明確にするとともに、技術開発力、需要創造策など自社の強味を前面に出して、参入し、勝負することです。

下村孝太郎は事業範囲を得意な事業領域に絞り込み、特定の取引先を選定し、技術力を集中した点に特徴があります。技術力優位を継続することで、最初の強味を維持することにつながったわけです。

「コンピタンス」（競争力となる強み）を失ったり、陳腐化した場合、あるいは自社の強みとする領域を逸脱することによりビジネスモデルは崩壊します。

つまり、下村の場合、技術進化を同時に進めながらさらに用途を拡大するというやり方で、コア・コンピタンスの劣化がなかったことが最大の強みでした。

技術の陳腐化を防ぐ「変化への挑戦」を怠ることなくイノベーションを続けることがポイントです。

七、ベンチャー精神と新製品開発マネジメント

企業が新製品を開発する上で重要なことは、具体的に製品に転換できる人のエネルギーです。革新的な技術開発から製品化を成功させるには、全体の流れの中で開発過程全体をマネジメントし、リーダーシップを発揮する人材の存在です。開発費として、売上高の何パーセントを開発部門へ回せばすむという問題ではありません。小集団が効率よく運営され、実績をあげている企業の共通点は、経営トップが研究開発に熱心で、顧客ニーズをフィールドバックし、製品開発をシステム的に展開できる機能的集団とマネジメントを有していることです。

企業によっては規模の大きさにもよりますが、新製品開発部とか、プロダクトマネジャー制、新製品開発委員会あるいはプロジェクトチームの編成といった組織を必ずしも必要としません。下村孝太郎の大阪舎密工業のように、たった一人でも設計デザインは可能であり、それが製造可能な条件が整えば、製品開発は可能なのです。

大事なことは、発明狂に近い個性的な技術者の存在であり、そしてゼネラルマネジャーの存在です。研究開発型企業のトップが両方を見事に兼任しているケースが多々みられます。

要は個々の開発担当者の特殊な専門的能力と、営業、生産等の関連知識を幅広く持ち、国定概念

にとらわれない柔軟な思考をもった「技術のわかる経営者」「経営のわかる技術者」がいるかどうかです。組織を形成する場合は、個々の能力の補完が必要であり、最初に人ありきではなく、必要な技術シーズを内部にこだわらず、外部から調達するという感覚を持つべきなのです。

物づくりの名人である東芝の創立者、田中久重は万年時計の開発にあたり、全体に必要な技術を熟知し、個々の部品を作る最適な職人を知っていて、参加させました。個を知り、全体を知るのがゼネラルマネージャーには課せられるわけです。

前述したようにコンカレント・エンジニアリングで、研究開発から試作、生産まで並行して進めるゼネラルマネージャーの存在です。もちろんトップ自らが陣頭指揮をとって、自社の総力を傾けることも必要です。

さらに開発の進展度合によって、外部の知恵や大学など研究機関を活用するなど、伸縮自在の機動性を持つことです。ベンチャー企業のルーツでもある、島津製作所の島津源蔵は明治の産官学の提携路線の成功者です。自分の技術に加え、舎密局など当時の最先端の官の施設を利用し、京都大学からの最新技術情報、人材の受入れなどで、開発商品を完成に導きました。

そしてこの島津源蔵も明治のベンチャーですが、ベンチャー・スピリットは規模の大小には関係ありません。中小企業や中堅企業以上に、大企業に中に、ベンチャー・スピリットが存在することが多いのです。その典型を、京都のベンチャー企業にみることができます。

京都には、比較的ベンチャースピリットを持った大企業が多いのです。任天堂・京セラ・オムロン・ローム・村田製作所・堀場製作所・島津製作所・日本電産などです。

なぜ、京都にベンチャーが育つのでしょうか。その答えはベンチャーDNAに支えられた組織文化によるイノベーションです。陶磁器や西陣織、伝統工芸など一二〇〇年の歴史と伝統がDNAとなって生きているからです。伝統の本質を理解し、改良を加え、環境変化を先回りし、小さな変革をし続けながら、新製品を開発する組織文化を持っているからです。ベンチャー・スピリットは規模の大小には関係ありません。中小企業や中堅企業以上に、大企業の中に、イノベーションの継続とベンチャー・スピリットが存在することが多いのです。伝統の技術にプラスして、イノベーションを積み重ねて、新製品開発に成功し、新たな価値と伝統が生まれます。この京都企業のDNAこそ、新製品開発の原点といえます。

日本の化学工業、染料工業そして鉄鋼業の基盤づくりに貢献した下村孝太郎は、京都の同志社ハリス理化学校で基本技術の実験をし、そして新島襄の倜儻不羈を忠実に実行し、大阪で起業しました。

下村を支えているパワーは技術主導型があり、目標に向かって未知の分野で、実験に実験を繰り返して、果敢にハイリスク、ハイリターンへの挑戦をしたことでした。行動の原点にあったのは独創的なベンチャー・スピリットであり、スピードと実行力がそのパワーになりました。

第九章　事業家・下村孝太郎、化学工業を興す

一、化学工業分野での起業

同志社ハリス理科学校教頭を辞任した下村は、外国教育の学歴では希望する学校に就職することは困難であろうと考え、新島亡き後、養父となった北垣知事とも相談し、化学工業での自らの起業を真剣に考えます。当時、有機化学の加工、製品分野では未開拓の市場であり、コークス、薬品、染料など輸入製品に依存していました。

下村がハリス理化学校の陶磁器科の炉を使って、実験し、石炭ガスを発生に成功していたことも、自らの技術的な自信の裏づけになっていました。第六章の起業動機でも述べましたが、下村が発想したのは、コールタール、アンモニア、ガスなどの副産物を回収する石炭乾留事業でした。時代が下村の石炭乾留による副産物回収の技術を必要とし、化学工業界分野での起業を決断したわけです。

現在でいえば、「研究開発型ベンチャー」ともいえるもので、コアとしての技術や、製法等に独自性、新規性があり、特許権、実用新案など知的財産権の取得の可能性を十分持っていました。事業の性格から研究開発・実験が先行する事業でした。

このとき下村の第二の人生がはじまったのですが、以後四〇年間、日本近代化学工業史に不滅の業績、足跡を残すことになります。

下村は起業にあたって、事業方針と将来計画を次の四点を基本理念としました。

一、自分の従事する工業は有機化学に関係あるものであること。

二、人の真似をせず、わが国にこれまでない新しい事業であること。

三、なるべく他人の範囲に立ち入らないこと。

四、理論と実地とは合致すべきものと確信しているから、工場経験がなくとも決心して、この際、みずから責任を負って工場を建設すること。

下村が選定した事業は、この一～四の方針にもとづいて、未開拓分野の新規事業であり、それは科学者という考え方より、事業家としての理念であり、不屈の闘志でした。しかも最先端の化学工業に挑んだわけです。こうして下村の選んだ工業がコークス製造または副産物を回収せんとする石炭乾留事業でしたが、これは当時まだ世界的にも始まったばかりの事業であり、副産物を回収式のコークス炉はアメリカでさえ、ただ一か所しかなかったわけです。

外国人技師を雇うのも選択肢とありましたが、下村は深く期するところがあって、自らの技術を信じて絶対に失敗はできないと自らを奮い立たせました。このため一八九六（明治二九）年から翌年にかけて、アメリカとヨーロッパの副産物回収式炉を視察し、各地の状況を比較検討した結果、ベルギーからはじまったセメ・ソルバー（Semet-Solvay）式コークス炉（廃熱式）をモデルと選びました。

大阪舎密工業セメ・ソルバー式コークス炉

そして、翌年に大阪の実業家・外山修造の協力を得て大阪舎密工業株式会社を設立しました。外山修造は長岡藩・**河合継之助**の弟子で、日本銀行大阪支店長を経て、阪神電気鉄道の創立した先進的でしかも合理的な経営者で、下村の事業に賛同して協力した良き理解者でした。
これで事業環境は整い、自らは技術長兼工場長となって工場建設に取りかかり、副産物回収コークス製造炉を完成させます。日本最初のものでしたが、もし築造が不完全であれば、試運転に際して爆発する危険があり、助手一名とともに文字通り死を覚悟して点火したといいます。
一八九八（明治三一）年に一六炉一連の炉が完成させ、火入れするのに成功しました。わが国における副産物回収式コークス炉の夜明けでした。

これは同時に西日本に日本人独自のアイディアによって化学工業が生まれた記念すべき第一歩でもあったのです。

河合継之助（一八二七〜一八六八）

文政一〇年河井代右衛門の長男として生れる。幕末の動乱の時代。越後長岡藩の執政となり藩の全権を担った人物。頭脳明晰、常に先の展開を見通す先見性に優れ、誰よりも早く徳川幕府の崩壊を予期していた。しかし、一八六八（慶応四）年、長岡藩は参戦に踏み切り、さらに奥羽越の諸藩同盟を結成、河井継之助はその総督として善戦したが五月長岡城が落ち、その後、戦闘中に受けた銃撃の傷がもとで死亡。

二、コークス製造技術の開発

このわが国最初の副産物回収式コークス炉は、一九三〇（昭和五）年五月に解体されるまで、実に三三年間、間断なく動き稼働しつづけました。

しかし、コークス炉の完成が即、コークス製造技術の開発ではありません。最も注目すべきことは、ソルベー炉での下村の科学的・実証的研究の本当の苦労はその時点から始まりました。初め、下村は立派な炉さえ造れば良質のコークスができると信じていました。ところが国産の石炭だけでは硫黄分の少ない堅いコークスを得ることは不可能なことがわかりました。欧米とはまったく異なる気候風土および原料条件をもつ日本において、彼がコークス炉を操業するためには新しい石炭配合技術の開発が必要でした。問題は炉の構造やその操作法ではなくて原料にあったわけです。そこで配合の研究に全力を尽くし、ついに最適配合技術を確立し、炉の運転開始後一年して、ようやく外国品と競争できるようになりました。

当時は国産炭を使うのが国策でもあったわけですから、コークス製造についての下村の真の功績は、副産物回収炉の導入よりもむしろ国産の原料による独自の配合技術の完成にありました。その後も研究はつづけられ、一九〇八（明治四一）年、それはX炭（低温乾留炭）の配合によるコークスの品質改良の日本特許に結実しました。

下村はその時の「コークス製造研究」の苦心を次のように言っています。

最初は窯が適当にして熱の加減さへ宜しければ、上等の骸炭（コークス）の出来るものと思惟し、種々試験したりと雖も、内国炭一筋にては、硫黄分少なき固き骸炭を得ること不可能なるを悟り、遂に配合研究に全力を尽し、遂に外国品と競争し得る品を製造し得たるは、運転開始後一か年を経たる後にてありき。現今は外国炭の輸入あるため骸炭製造は割合に容易なりと雖も、当時は此類の石炭の輸入なく、大に天草炭を配合物として使用したり。また海陸軍の要求には外国炭を使用す可からざりとの条件ありし為め、一層困難を増加したり。故に於いて案出したるは人造無煙炭の製造にて、之即ち現代の低温乾留を利用したる方法なり。

この下村によるわが国独自のコークス製造技術は、関連産業、とくに製鉄業の生産性、収益性を左右する重要な発明になりました。

三、石炭乾留から有機合成工業へ

石炭乾留に成功した下村は関連事業にも着手しました。副産物タールからベンゾールを回収し、販売した（一九一五年）のも、日本では初めてのことでした。ガスはコークス製造を主とすれば副産物ですが、ガス製造を主目的とする大阪瓦斯株式会社がすでに一八九六（明治二九）年に創立され、一九〇五（明治三八）年から都市ガスの供給をはじめました。翌年、下村の大阪舎密工業とコールタールの精製販売に関し、共同経営契約を締結します。一八九七（明治四〇）年にナフタリンを蒸留し、昇華法を併せて鱗片《りんぺんじょう》状の純白ナフタリンを製造しました。さらに一九〇九（明治四二）年から大阪舎密工業の副産物のガスの供給を受けることになりました。これは精製ナフタリンの工業的生産のはじめでした。

また、下村は、また貴重なベンゾールを含んだガスがそのまま燃料に供されるのを惜しみ、はやく

石炭副産物回収設備の工場

からガス中のベンゾール回収に着目し、欧米においてこれを調査し、一九一三（大正二）年ソルベー式コークス炉増設に際して、同じくソルベー式ベンゾール装置一式を輸入し、翌年ベンゾールの回収をはじめ、一九一五（大正四）年には精製装置も稼働して、九〇パーセントベンゾールなどの製品開発に成功しました。これがわが国におけるはじめてのガス中からの、ベンゾール回収でした。

一九一八（大正七）年に下村は大阪瓦斯の顧問になるとともに、大阪舎密工業の生産設備を高めるため、資本金を一八〇万円に増資しました。翌年に下村は大阪瓦斯の取締役に就任し、一九二三（大正一二）年には、大阪舎密工業の社長になりました。その後両社の関係が密になり、技術の集約と総合力を高めるため、一九二五（大正一四）年に両社は合併しました。

四、国策会社・日本染料製造の設立

下村の最大の貢献がコークス製造技術の開発にあったとすれば、それに次いで注目されるのは、染料製造です。有機化学が専門の下村にとって、染料事業はいずれは手がけてみたいと考えていました。

第一次世界大戦の勃発し、ドイツからの染料輸入が途絶えたのを機に、一九一四（大正三）年、下村は染料合成の工業化にのり出します。しかし、そのために大きな代償を払うことになります。大阪から帰宅し、京都の自宅の実験室で実験中、爆発をおこし、両眼に火傷を負い、失明に近い状態になりました。

時に五三歳、さいわい失明をとりとめ、一九一六（大正五）年、染料医薬品製造奨励法にもとづいて、国策会社、日本染料製造株式会社が設立されると、下村は乞われて技師長を引き受けます。

同社は資本金八〇〇万円で、本社は東京・京橋におきましたが、工場は大阪市西区春日出町と川岸町にまたがる約三万坪に決定しました。中央を国鉄が東西に走り、その南部敷地の西側は大阪舎密に隣接していました。下村技師長の意向で決定されたのがわかります。

大阪舎密のアニリン工場および大阪瓦斯の染料設備を買収して、染料製造に着手し、やがて下村は弟子の大阪瓦斯（株）の三好久太郎と共同してナフタリン系合成染料シミアン・ブラック（下村・三好の頭文字から命名）他七種の染料の開発、工業化に成功しました。下村はわが国最初の有機合成染料工業でも基礎を築いたわけです。

その後、需要増加と規模増強で資本金も三、〇〇〇万円に増やして発展しましたが、一九四二（昭和一七）年頃より戦時色が強くなり、海軍、商工両省の勧めがあって、一九四四（昭和一九）年に住友化学工業（合併後の資本金一億一、〇〇〇円）と対等合併しました。

五、八幡製鉄所への技術指導と鉄鋼産業への貢献

下村孝太郎によるコークス製造技術は八幡製鉄所のコークス製造技術に大きく寄与するとともに、下村から八幡製鉄所の技師、三好久太郎、黒田泰造、伊能泰治といった優秀な技師へと技術移転されました。その内容は一部文書でも残っています。

一九〇三（明治三六）年、「化学工学」と題して「化学工学ハ大操作ヲ執行スル時ニ生スル所ノ化学反応ヲ利用スルノ目的ニ適合スル所ノ装置ノ構造及其装置ノ維持修繕ノ法ヲ示スヲ以テ主眼トス」と書いてあります。一九〇三（明治三六）年といえば八幡製鉄所長官、中村雄次郎が大阪舎密を視察にきて、副産物捕集式コークス炉としてのソルベー炉を製鉄所に一五〇炉を建設することを下村

八幡製鉄所のコークス炉
（提供：新日本製鉄）

に依頼した時期と一致します。コークス炉の仕様を固め、三好らの技術者教育に利用に打ち込んでいた時期で、それらへの利用を策したものと思われます。

三好久太郎は後に下村の薦めで大阪瓦斯に転じ、有機合成化学技術に貢献し、黒田泰造は黒田式コークス炉を開発したので、下村は技術後継者の育成にも功があったといえます。

前述しました大阪舎密での副産物捕集式コークス炉としてのソルベー炉によるコークス製造をベースとしたもので、一九〇三（明治三六）年、中村碓次郎が視察して好成績をみとめ、製鉄所に一五〇炉を建設することにしました。一九〇六（明治三九）年三月、中村から乞われて嘱託となり、ソルベー式コークス炉の建設・操業の技術指導にあたります。

その結果、わが国ではじめて製鉄所におけるコークス製造に副産物回収式コークス炉が適用されたのは、一九〇七（明治四〇）年二月、官営八幡製鉄所において三基、稼働したのがはじまりです。八幡製鉄所におけるソルベー炉の建設が、同所のみならず日本の鉄鋼技術の発達のなかでどれほど大きな意義をもつものであるかはその後の製鉄業発達の歴史が物語っています。

官営・八幡製鉄所は、かねてより熔鉱炉用コークスを自給したいと考えていましたので、下村の指導の下に一九〇七（明治四〇）年から一九〇九（明治四二）年にかけて一五〇炉を建設しました。

副産物を販売したためにコークス製造費を下げるという経済的効果をあげることができ、ひいては銑鉄の製造原価も下げることになり、一九一〇（明治四三）年には八幡製鉄所創業以来、初めて黒字に転ずることができました。ちなみに一九〇七（明治四〇）年にコークス生産費トン当たり一〇円四〇銭であったものが一九一二（大正一）年には六円八〇銭となりました。この結果、銑鉄生産費も低減したことはいうまでもありません。下村のコークス技術の貢献を否定することはできないでしょう。

六、特許・コーライト配合技術（X炭法）の発明と貢献

一般的に石炭、ことに粘結性のない石炭を低温乾留して得られたコークスを、コーライトとよんでいます。石炭とコークスとの中間のもので、人工的につくった無煙炭、半成コークスともいえるものです。下村は国産コークスの品種改良のため、この人造無煙炭コーライトを製造する方法を発明し、一九〇八（明治四一）年「有煙炭を以て割目少き骸炭《コークス》を製する方法」（特許一三五八三号）と題する特許を取得しました。

下村のこの特許は、その創立以来ひとつの特色として北海道資源のみによる製鉄に努力してきた

北海道炭砿汽船（株）輪西《わにし》製鉄所（いまの新日鉄・室蘭製鉄所）には重大な関心事となり、事業化への意欲をそそるものでした。そして同所は、一九二九（昭和四）年下村の特許（X炭法ともいった）にもとづきコーライトとその配合コークスの試験に着手しました。

製鉄業界は第二次大戦後も下村のコーライト配合技術（X炭法）の恩恵に浴しました。

下村の特許取得から一八年、下村の死後一〇年近く経ってから再び、その技術がアメリカ技師の勧告により、富士製鉄で使われます。下村の特許にもとづいて配合コークスを研究していた室蘭製鉄所は、第二次大戦後の困難な原料事情の中で、外国産を使うことなく大型高炉を操業することができました。

下村の「X炭法」はまさに、省資源、省エネルギー、リサイクルという現在の技術コンセプトに合致するものであり、その先鞭をつけた下村孝太郎の功績は極めて大きいといえます。このように、わが国、高炉用コークス製造技術史上において、画期的な業績となって結実し、これに対し一九四九（昭和二四）年毎日工業技術賞が授与されたのでした。

現在でも、新日本製鉄の環境・プロセス研究開発センターでは、高炉で利用する燃料であるコークスの研究改良が「X炭法」の延長で続けられています。日本が輸入している石炭の約四〇パーセントはコークス製造用に使われていて、多種類の粉状の石炭をブレンドして製造します。資源環境変化にともない「いかに安価で劣質な石炭を使用するか」が大きな課題となっていて、新日鉄の技術陣による資源有効利用の研究開発と究極のコークス製造技術開発が現在も続けられています。

第十章　下村孝太郎は倜儻不羈の事業家

一、新島襄の「倜儻不羈」からの教訓

第二章でも触れましたが、倜儻不羈は漢語としては紀元前から存在し、江戸、明治初期はごく普通に使っていました。倜儻不羈の意味を再度、確認してみましょう。

「倜」はすぐれていて、拘束されないさまをいい、「儻」は志が大きくて抜きんでていることを指します。「羈」は馬を制御する手綱のことで、したがって不羈は拘束されないという意です。

司馬遼太郎は倜儻不羈の人材が多いのは、土佐藩出身者であるといいます。土佐藩は風土的精神として、拘束を好まなかったと、具体的人物として、**坂本龍馬**、**中江兆民**をあげています（『この国のかたち1』、一九九〇）。

私は本書にあげた「熊本バンド」や新島襄とかかわった人たちの多くは倜儻不羈であったと思い

ます。

新島襄には常人と異なる幾つかの特徴があります。それを年代別にまとめてみますと、①幼少時より好奇心と研究心が強かった、②死を覚悟した冒険心（脱国）、③名利栄達を断る、④私立の総合大学設立の執念、⑤自主・自立・自治にかかわる、の五つです。

この五項目でわかることは新島襄自身が倜儻不羈の人物であったことです。「倜儻不羈の学生を大事にする」は第二章で述べましたが、新島の好きな学生像を率直に表現しています。

新島は帰国後、文部省へ高級官僚として、強く誘われますが、前記③の自らの自由、自立、自治の実現をめざして、独立、私学設立の道を選びます。そして帰国当初の新島は、宣教師と総合大学ビルダーという二つの顔をもっていました。このピューリタン的キリスト教の布教と学校建設とはなんらの矛盾はありませんでした。

新島襄は一八六五（慶応元）年に書いた『密航理由書』の中で、新島が当時を振り返って「なぜ幕府は我々を自由にしないのか。なぜ我々を籠の鳥か袋の鼠のようにしておくのか」と封建的な幕藩体制に対して批判的でした。いつしか、自由を求めて羽ばたくことを夢見るようになります。そして江戸での勉学中、江戸湾にならぶオランダ軍艦をみて、先進国との力の差を強烈に印象づけられたり、アメリカ合衆国の歴史や政治、経済、文化等を書いた『連邦史略』や、自立した生き方を描いた『ロビンソン・クルーソー』や、当時は禁じられていたキリスト教の書物や『漢訳聖書』などを友人から借りて読んで、自由の大切さを知り、単に自由へ憧れだけではなく、行動に移す決意をします。

このように、何よりもまず若き日の新島は、封建的な幕藩体制に対して批判的な気持ちをいだき、国禁を犯して密出国した、ほかならぬ倜儻不羈の青年だったのです。

新島襄自身「自分が嫌うタイプの学生は芯のない「軟骨漢」である」といっています。

わが校の門をくぐりたる者は、政治家になるもよし、宗教家になるもよし、実業家になるもよし、教育家になるもよし、文学者になるもよし。かつ少々角あるも可。奇骨あるも可。ただかの優柔不断にして安逸をむさぼり、いやしくも姑息の計をなすがごとき軟骨漢には決してならぬこと。これ予の切に望み、ひとえに願うところなり。

逆に好ましいのは「倜儻不羈」の学生である。常軌では律しがたいほど独立心と才能あふれる青年である。

新島はこの言葉を遺言に残しました。同志社は今後とも、そうした学生を型にはめたり、圧迫したりしないで、本性に従って導き、将来の「天下の人物」に仕立ててほしい、と（『現代語で読む新島襄』）。「熊本バンド」は揃って「倜儻不羈」でしたが、新島はけっして彼らを抑圧しませんでした。

明治維新以降続く近代化の歩みを見ますと、政治、経済・産業、医学、教育、文学、芸術などあらゆる分野での改革の息吹とともに、新たな時代のリーダーたちが登場しました。まさに時代は新島襄のような倜儻不羈の人たちを必要としたのです。そして、その道の優れたベンチャー事業家た

同志社大学学長室に掲げられた「倜儻不羈」（右が著者）

ちの出番でした。

帰国後、新島襄の総合大学設立の活動をみる時、自ら定めた事業のために、あれだけの人間と会い、心を通じて親友となり、支援者として協賛を得たか、心に響きあう知育、徳育を併せ持った学生を育てることを最大の目標にしました。

新島が事業成功に向け、全力を傾けながら貴族主義と官僚主義に背を向け、権力に対する自立をめざしたこと。一方で平民主義と平等主義に徹し、弱き者への博愛精神を持ち続けたこと。つまり事業の執念の裏側にある師の二面性をよく知っていたのが、師のもとで育った下村孝太郎でした。

熊本洋学校のジェーンズや札幌農学校のクラークが日本青年にキリスト教を伝道する際、二人の人格からほとばしるピューリタン精神が学生たちを魅了し、民主主義と自由、平等、自立の精神を感じとったに違いありません。そして、新島襄の「倜儻不羈」「良心の充満したる丈夫」は下村にとって不変の信念になりました。

司馬遼太郎（一九二三〜一九九六）

日本の小説家。本名は福田定一、大阪市生まれ。大阪外語学校（現・大阪外国語大学）蒙古語科卒業。産経新聞社在職中、『梟の城』で直木賞を受賞。以後、俗に「司馬史観」と呼ばれる独自の歴史観に基づいて数多くの作品を執筆、歴史小説に新風を送る。『国盗り物語』『竜馬がゆく』『坂の上の雲』など、戦国・幕末・明治を扱った作品が多い。また、『街道をゆく』をはじめ、エッセイなどで活発な文明批評を行った。一九九一（平成三）年に文化功労賞、一九九三（平成五）年に文化勲章受章を受賞。

中江兆民（一八四七〜一九〇一）

高知生まれ。政治家、思想家。父は高知藩士。長崎、江戸でフランス学を学ぶ。一八七一（明治四）年フランスへ留学。七年に帰国後、仏学塾を開く。フランス流の自由民権論を唱え、自由民権運動の理論的指導者となる。ルソー『民約論』の翻訳。「東洋のルソー」とも呼ばれる。一八九〇（明治二三）年には衆議院議員となるも政界に失望して翌年に辞職。以後実業に手を出すも失敗する。

二、師弟をつなぐ倜儻不羈の絆

新島襄が望んだ「倜儻不羈」なる人物で一番似つかわしく、相応しいのが下村孝太郎だと思います。「信念と独立心とに富み、才気があって常規では律しがたい」とは、まさに下村孝太郎のことであり、「倜儻不羈」のモデルでした。

「師弟をつなぐベンチャー魂」というべき二人が歩んだ道は異なりますが、共通点が極めて多く、運命的な師弟関係を感じます。

下村自身が『我が宗教観』で自らを「思想に於て、行状に於て、又は事業に於て他人の眞似をする事を好まず、従って他人の指導さへ悦ばず、且つ最も苦痛を感ぜしは人に頭を下げる此事なり」と自己評価しています。

これについては、従兄弟でしかも親友でもある浮田和民の下村孝太郎の人物評が参考になります。「下村は先輩、同輩又は後輩に対してあまり頭を低くする必要の少なき人であった。先進からも後進からも軽蔑を受くることなく、一様に畏敬されるだけの学才また抱負を持っていた。十六歳の時始めて京都に来り一日新島先生を訪問せしとき、先生は君を伴ひ散歩に連れゆかれたことがある。その実験は「宗教観」にも掲げられているが、その独立不羈の精神は後年に至っても秋豪変化しなかった」と「倜儻不羈」の師弟のつながりをあげています。また、下村の「独創自発」を評価して、「下村は決して他の後塵を拝し、その糟粕を嘗めて甘んずる人でなかった。君は何事にも率先し、新路を拓いて進む人であった。名論卓説でもあまり他人の言を引用せず、あくまで独創自発の意見を主張する人であった」とも述べています。

ウースター工科大学での化学を学んだ独創性、そして起業に至る行動力の背景は、この「独創自発」にあり、加えて師・新島襄と同様に「熱誠の人」であったとみています。

前述した浮田和民の下村孝太郎評で次の起業の理念が見事に表現されています。

一、自分の従事する工業は有機化学に関係あるものであること。

二、人の真似をせず、わが国にこれまでない新しい事業であること。

三、なるべく他人の範囲に立ち入らないこと。

四、理論と実地とは合致すべきものと確信しているから、工場経験がなくとも決心して、このさい自ら責任を負って工場を建設すること。

次の手紙は一八八八（明治二一）年八月一一日、新島襄が静養中の伊香保からアメリカ留学中の下村孝太郎に出したもので、かなりの長文で、大学設立の事業の進展状況を詳しく報じていて、下村への全幅の信頼に満ちています。また、留学を一、二年延長し、帰国後、自然科学分野のカレッジを担当してくれることへの期待を示しています。

また、留学中の家族の世話のこと、従兄弟の浮田和民とも相談するといった細かい気配りもしています。

新島襄から下村孝太郎宛書簡

拝啓、陳者貴兄トボストン之一ホテール楼上ニ於而共ニ天父ノ前ニ伏シテヨリ殆ト三ヶ年ノ星霜ヲ経ルニ至ルヲ見、光陰ノ無鈍着ニモ無情ニモ吾ヲ捨テ去リ吾ヲ顧ミサルヲ痛歎致し居候モノヽ、吾モ亦行クモノナレハ少多ノ遅速ハアレトモ、矢張行クモノヽ一ツニシテ、水ノ涓々ト流レ行ク如ク、早晩其ノデスティニーニ達スベシト覚悟ハ致スモノ、兼テ企テ居ル事業ノ未タ好結ヲ結バサルニ、吾ノ如ク多病ニシテ一年ノ半分ヨハ病ヲ養ヒ居リテ東奔西走我カ事業ニ従事シ得サルハ、兼テ屈スマジ撓ムマジトノ精神モ何ニカ少シク寥々ノ感ナキ能ハス、乍然大橋氏の、なんのその岩をも徹ふす桑の弓なる句に励マサレ、又殊ニ天父ノ慰ヲ受ケ、身ハ縦令病魔ニ侵サレオルトモ百折不撓成サザレハ不止ノ覚悟ヲ以テ、本校ノ為前途ノ策ヲ立ツヘク候間貴兄モ少シク御心安クアリ賜へ、却説前状ニモ逐一申上タル如ク、小生ニハ一月一日已来心臓病ニカヽリ居リ候故、彼ノ米国行ノ事モ遅々決シ兼居、旁貴書ニ対スル回答モ延引致シ、又病ヲ侵シテモ行クヘシト申立テタレハ、教員会中ノ一大議論トナリ、殊ニ医師ベルリー氏ナトハ大ニ反対セラレ、又病モアマリ宜シカラサル所ヨリ小生ノ企モ暫時ハ水泡ニ属シタリ、乍然三月ノ末ニハ漸ク杖ニヨリ歩行ノ出来候ハヽ、京都ニ於テ屡*内会議ヲ開ラキ府下ノ有志家ヲ募リ集メ、去四月十二日ヲ以智恩院ノ大坐敷ニ一ノ大会ヲ開ラキ北垣知事モ演説セリ専門校設立ノ見込ヲ吐露致シ、委員ヲ撰ミ府下募集ノ事ヲ托シ、小生ハ直ニ東京ニ出テ一ト旗揚ケント計リタルニ、不幸ニシテ再ヒ心臓病ヲ発シ一時ハ生命ニモ関ハリ候様ニ医者モ申立候ニ、幸ニ回復ノ途ニ就キタルニ暫ク鎌倉ニ趣キ休養シ再ヒ東京ニ戻リ、已ニ揚ントセシ所ノ旗ハ中々マキ兼、陸奥宗光君等ノ周旋ニヨリ井上伯ニ接スルヲ得、又大隈伯（外務大臣）ニ直接ニ面談シ遂ニ両伯協カノ上一ツノプライウェト・ミーティングヲ大隈伯ノ官邸内ニ開ラキ、京浜間屈指ノ紳商ヲ招キタルニ両伯ニハ我カ輩ノ為ニ真ニ可驚キ程ノイントレストヲ示ス、甚懇切ナル演説ヲナシ呉レタレハ、来会ノ人々モ大ニ賛成ノ意ヲ表シ、即夕ニ三万一千円寄附ノ約ヲ致サレタリ（七月十九日ノ夕ナリ）「○京都管内ニハ多分四万ノ金ヲ募リ得ベシ」、此ノ三万一千円ハ未タ差少ニシテ何ニモ為シ得サルモ、朝野共有力者ト仰ク所ノ陸奥公使、井上、大隈両伯、又商法上ノ大王トモ称セラル、渋沢栄一、原六郎氏ノ如キモノガ如斯クモ基督教主義ノ教育ヲ主張スル我輩ノ企ヲ賛翊スル其ノ一臂ヲ添フルニ至リシハ、実ニ可驚キ明治時代ノフィノミノント云フトモ決シテ誣言ニアラサルベシ、本校カ初メテ公然ト天下ノ信用ヲ得ルノ時日今早ヤ到来セリト云ヘキナリ、此一点ヨリ論スレハ此ノ現象ハ決シテ一小事件ト見做スヘカラス、貴兄宜シク本校ノ為ニ喜ヒ且ツ天父ニ謝シ賜へ、小生モ井上、大隈両伯等ノ懇切ナル勧ニヨリ、去ル廿四日東京ヲ辞シ当所ニ参リ候、茲ハ有名ナル浴泉場ニシテ海面上ヨリ高キ殆三千尺、風色佳麗気候冷燥大ニ病ヲ養フニハ可適ノ地ト存し、可成種々雑多ノ心配ヲ打捨養生一方ニ尽力致シ、不肖ナカラモ天父若シ許シ賜ハ、今暫クハ此ノ世ニアリテ主ノ御国皇張ノ為臣僕ノ分ヲ竭サント存シ居候間、貴兄モ何卒小生ノ為ニ御祈祷*アレ、扨貴兄御一身ノ進退ニ付キテハ前書ニモ申上候通、御母上様サへ御勘弁出来候ハ、今一年モ御滞米ナルハ他日ノ為大得策ト存候間、区々ノ小孝心ニ制セラレス大孝ヲ尽スノ計ヲ為シ、大胆ニモ今一年否二年ナリ〔ト〕モ御留学ナサレテハ如何、小生ハ我カ校ニ於テサイヨンスノ振ハサルヲ痛嘆シ候間、貴兄ニシテ充分御用意アリ其ノ方ヲ負担シ賜ハ、必ラス我カ校ノ面目ヲ一変スルニ至ラン、願クハ今ノ本校ヲシテ充分コルレシノ位置ニ進メ度、政府ノ高等中学ニモ一歩ヲ譲サ、ル様ニ致シ度候、其レニ付ケテハ必ラス多分ノ資本ナカルベカラス、資本ヲ募ラントナレハ米国ニ如クモノナシ、兼テ貴兄ノ御企ノ如クアメリカンボールドトハ全クインディベンデントリーニ又プライウェトリーニ或ル金穴家ニツキ日本ノ現況ヲ陳へ、大学ノ日本ニ甚必要ナル事ヲ説、其ノ感情ヲ惹キ起シ賜ハ、事或ハ成就スベシ、貴兄願クハ此ノ大任ヲ御負担アリ賜へ、過日森大臣ニ面会セシ際、同大臣ハ同志社ヲ高等中学ニスヘシト迄＊被申候、又専門科ヲ設クル上其ノ力サヘアレハ何々科大学ト称シ卒業生ニ何科大学卒業生乃チ学士ノ称ヲ附スル事モ出来ベシト被申候、左スレハ是非我カ校ヲシテ遂ニ大学ノ地位ニ達セシメ度候間、在米ノ中島、湯浅等トモ御計前途ノ策ヲ御立、何卒先々ノ事ハ御負担被下候様奉切望候、小生も唯今ノ分ナレハ此後モシ度々ハ御書面モ呈セ能ハサルモ小生ノ貴兄ニ望ム所ノ確トシト動カザルト又前途御依頼申ス事トハ御承知被下度候、書ニ臨テ万一ヲ竭サス宜シク小生ノ心緒如何ヲモ御揺察アレ、

敬具

頓首

八月十一日　　在上州伊香保　新島襄

下村孝太郎兄

時下折角御自愛御摂生将来之為御工風有之度候也

フーラル先生其外之知人へモ宜しく御伝言被下度候

御序ニブラウン夫人ニ宜しく御伝言被下度候、又病気ニして其後御不沙汰申居候条御謝し被下度候、同夫人ノ扶助シ呉候二人ノ少年生徒モ同志社ニ当九月ヨリ三年トナルヘキ旨モ御通被下度候

別紙書面貴兄ニシテ御カマイナクバヱール大学ノ中島力造、湯浅吉郎氏等ニ御示シ被下候而も不苦候、然

し資本募集云々ノ事ハ彼等ニハ承知ニ候哉、中島等ニ御相談アルモ可ナラ〔ン〕カ、然シ貴兄ニテ独断ノ事ナレハ書中ノ一部分丈ケ御知セ被下候モ可ナリ
貴兄御留米中御宅ノ事ハ小生不及ナカラ是迄＊ノ通リニ可仕候間左様思召被下、又何ソ変事等有之候節ハ又変ニ応シ浮田兄等ト御相談ノ上御世話可仕候間、是非一年ナリ二年ナリ御留学アリ前途ノ大計ヲ為シ賜ハン事小生ノ切望スル所ニ候

八月十一日　　　襄

孝太郎兄

三、特許の取得と工学博士の学位

前章で述べましたが、下村孝太郎の発明中、特筆すべきものの一つは、わが国の有煙炭の原料をもってしては困難至極なる割目口の少ない堅牢なコークスを製造する方法を発明したことでした。それは熔鉱炉および鋳物用としての高級コークスを得るため欠かせない技術であり、この「有煙炭を以って割目少き骸炭を製する法」（一九〇八年日本特許）は「X炭法」ともいわれ、省資源、省エネルギー、リサイクルという現在の技術コンセプトにも合致したものでした。

優良なるコークス製造のために従来はすべて配合原料炭を外国より輸入せざるを得なかったわけ

りました。

ですから、「X炭法」により、第二次世界大戦後、鉄鋼業、そして国家に大きな貢献をすることにな

特許権の取得だけでなく、下村の日本の化学工業への技術的貢献は鉄鋼、ガス、染料などに顕著ですが、一九一五（大正四）年二月九日工学博士会の推薦を受けて工学博士の学位を与えられました。学位記番号は第九〇五号で工学博士では二四〇番に当たります。折しも第一次大戦が勃発しドイツから染料の輸入がと絶え、下村はその国産化のために両眼の負傷にもめげず日本染料製造会社の創立に向けて懸命に努力していた頃でした。

ところで、一九二〇（大正九）年に学位令が改正されるまでの旧学位令によって工学博士の学位を得た人びとは三八七名に達します。それぞれに近代日本における技術の発展に貢献した工学者たちでした。

下村は同志社に学んだ後、私費で一八八五（明治一八）年渡米、マサチュセッツ州ウースター工科大学で化学を修め、ついでメリーランド州ジョン・ホプキン大学大学院に入学し、レムゼン教授（サッカリンの合成音）に有機化学を学び、一八九〇（明治二三）年に帰国しました。当時、同志社英学校、普通学校、神学校を卒業してアメリカの大学、大学院へ留学する者は比較的多かったわけですが、新島襄の勧め、影響を受けたり、あるいはアメリカ人教授の影響があります。

下村の場合、新島襄の意向によるところが少なくなかったと思われます。下村が留学した一八八

五（明治一八）年前後は、官業払い下げの後、近代産業の勃興期で、東京大学理学部や工部大学校の出身者たち、なかでもその俊秀が競って専門技術を求めて、留学しようとしていた時期でした。この時期を見逃さなかったことが、下村がそれまで国内で組織的な工学教育を受けていなかったというハンディーを大きく埋めることができました。

日本の工業化の速度の早さについて、制度化された組織的な技術者教育が比較的早期に着手されたことに、それに加えて海外留学が人材育成の重要な役割を果たしたことが注目されます。日本の工業化は欧米の異質の文化の消化と海外留学による積極的な技術導入にあります。下村孝太郎の起業成功の道は雄弁に物語っているように思われます。

組織的な技術者教育も、工学の知識を修得するというより技術導入を指向した基礎教育であったところに効果があったと思います。下村はその過程を新島という優れた教師について個人指導を受け、アメリカ留学という独創的、自発的行動に移したことが、後に実力を発揮する原点になったようです。知識や技術も実践なくして宝の持ち腐れであり、新規事業の成功はその独自性、新規性で製品開発を行い、需要を開拓することで可能になります。

四、下村孝太郎の技術観と技術経営

下村孝太郎の技術者としての評価は、今まで述べてきた産業界での貢献で十分過ぎるくらい明らかですが、下村は単に優秀な技術者としての評価では不十分で、むしろ技術経営者として新製品開発マネジメントを評価すべきだと思います。

下村の長男の明氏（元大阪瓦斯取締役・工学博士）が著した『わが父を語る』という思い出の文によりますと、明・孝次の二人の男子は、ともに父と同じ化学者の道を選びましたが、下村はこの子どもたちに技術者としての教訓を残しています（『コークス・サーキュラー』第品巻二号、一九六五）。この中に下村の技術論が示されていますので、次に引用することにします。

一、人は如何なる職業に就くも自ら人間なることを忘るべからず。例えば技術家ならば純粋技術のみにて事足らず。元来技術者は機械に非ず、機械を支配する職なれば人生を弁じ、人間を支配する能力なかるべからず。

二、「朝夕のことも扇の的ぞかし祈りいのりて矢をし放てよ」技術の目的には大小あると雖も技術それ自身には軽重なしと心得よ。ボルト一本あしき時は全体の不成績に終わることあり、如何に細小の仕事にも満心の注意を払うべし。

三、如何なる仕事に勤むるも、少なくとも報酬に匹敵する仕事をなし得、叉なし遂ぐるの覚悟なかるべからず。自分の力以上の仕事は決して引受くるものにあらず。而して奉職中は自分は必要のものなりと自分もおもい、叉他の人もおもうにあらざれば本当の仕事とは云うべからず。

四、説明の方法を学ぶべし。如何に専門の事柄にても素人に大意を与え得るよう簡単明瞭に説明するの必要時々起こるものにして、よろしく何事も目に視える事柄を以で比喩を用うべし。

五、技師に次の四種あり。第一、設計技師、第二、建設技師、第三、製造技師、第四、研究技師これなり。技師は多少以上の四科の事に通ずべきも、結局その中の何れか己の得意とする処あるべし。大体に云うときは事業の発端には設計、建設が重なる仕事なり。事業既に成立し、営業の途に進行する時は製造、研究技師最も重宝がらるるなり。

六、世に技術家かたぎと申す変テコリンのものあり。即ち他人の云うことを聞かぬという性質を指すなり。技術家は出来得るだけ他人の経験を利用すべきものにて、専門家にも、素人にも人の云う処に道理のありはせぬかと注意怠るべからず。折々素人が途方もないことを云い出すこともあり。かかる云い分には技術者の参考として思考の種となることなきにしもあらず。

七、常識が大切なり。常識は世に処するに何事に於ても必要なる要素なりと雖も、技術においては最も肝要なり。学問も必要、経験も重要、これ等は云うまでもなき事ながら、常識は欠く可からざる道具にて、如何に学問あるも、如何に経験豊富なるも技師が常識に乏しき時は、その人の成功は覚策なしと知るべし。

八、技師は経済の思想なかるべからず、理想的の技師は技術に加うるに営業の才能ある者たるべし。惜しむらくはかかる人物甚だ僅少なるを。営業の才能はなきにせよ、経済の考えだけは大いに肝要なり。是なき技術者は一種の高等職工たるに過ぎず。

未知を恐れず、チャレンジし、開発の成果をよろこぶ。つまり、「世の中の役に立つ」「産業振興に役立つ」という社会倫理観を持ち、石炭化学製品のモノづくりによる「技術の頂点」を追求した下村孝太郎はまさしく、技術経営者でした。

八つの項目のうち、最後の八で理想的な技術者は経済や営業に関心を持ち、その才を発揮すべきであるといっています。

このことは現在でいえば「経営のわかる技術者」つまり、技術を経営成果に結びつけることができる人材、つまり技術経営「マネジメント・オブ・テクノロジー」（ＭＯＴ）が重要であることを明言しています。したがって下村孝太郎が子息に期待し、次世代へ引き継ぐべき最も重要なことは、新しい価値の創造としてのイノベーションをともなう、新製品開発マネジメントだったと思います。

必要となる技術を、適切なタイミングで利用可能にし、製品のコンセプトから製品化までの時間をいかに短くできるかが技術経営の優劣になります。そのための方策として、下村は技術、経験の共有化をはかることや製品コンセプトをつかみ、スペックを固める営業力が肝要であると提言しています。また、製品化のための技術開発にあたっては基礎技術と応用技術の連携と生産技術をミックスが重要になるともいっています。

下村は既存の市場へ参入ということではなく、未知の分野に挑戦し、自らの創造性、アイディア、事業センスにより、新規市場に参入し、リスクを恐れず新たな需要を開拓して成功しました。

現在でもベンチャー起業成功は、①夢・チャレンジ精神（ハイリスク・ハイリターン）、②ビジネスモデルの構築（経営目標・戦略の明確化）、③スピードと実行力（目標達成のためのエンジン）がポイントです。

そして、ビジネスモデルがしっかり構築され、先見性のあるマーケティング力、バイタリティーをもって新分野を切り開いていくスピードと実行力、つまり牽引するエンジンがキーワードです。そして、起業段階では人材や資金など経営資源が限られていますから、試行錯誤している余裕がなく、決断と実行の速さが大切です。

下村孝太郎は研究開発型ベンチャーとして、現在に通ずる成功モデルを示してくれました。そして、石炭化学・鉄鋼業界においては、技術経営の原点を実証するとともに、近代化の功労者として永く、その名を記憶にとどめました。

おわりに

漢語の倜儻不羈は紀元前から存在し、日本でも江戸、明治初期はごく普通に使っていました。新島襄が「倜儻不羈の学生を育てなさい」という遺言を残したことを聞いた、司馬遼太郎は言い知れぬ感銘を受けたといっています。さらに、司馬は新島襄と同様に、福澤諭吉、大隈重信も倜儻不羈であり、藩で多いのは、坂本龍馬や中江兆民など土佐藩出身者であるともいっています。

司馬遼太郎の代表作『竜馬がゆく』で、世間一般の坂本龍馬像はこの作品で創られたと思いますが、司馬は龍馬の不羈独立の性格が最もよくあらわれたのは長崎における海援隊の着想と結成だったといっています。

確かに、この浪人結社は他藩から出資を受けた株式会社であり、海運会社であり、商品相場扱商社であり、機に応じて海軍にもなり得る組織でした。海外貿易に目的をおき、海援隊の力をバックにして、薩長の仲介をしたり、大政奉還の奇手を演出したりできたのです。

「役人にはならない」「新政府に官職を求めない」という無私になったのが説得力となり、スケールの大きな仕事につながりました。まさに坂本龍馬は倜儻不羈の人物でした。

坂本龍馬は新島より七歳年上ですが、海外への夢を持つなど共通点も多いといえます。坂本が一八六七（慶応三）年京都で暗殺された時、新島はフィリップ・アカデミーを卒業し、アーモスト大学へ入学した頃で、二人の間には出会いはありませんでしたが、発想や理念によく似ていて、新しい日本に改良しようとする考えや、「官吏にはなりたくない」と自主、自立、自治にこだわる新島襄と考えがまったく一致していました。

坂本龍馬は勝海舟を師としていますが、新島襄もまた、勝海舟を尊敬していました。京都東山・若王山の新島襄の墓石の裏には「友人勝安芳（海舟）、新島氏の長眠を悼して追想のあまり之を書す」としるされています。

また、本文で述べたように勝は「六然の書」といわれたのですが、六然というのは「自ら処する毅然、人に処する藹然、無事澄然、有事斬然、得意冷然、失意泰然」。これは中国の古書にある有名な言葉ですが、今も当時のままの新島旧邸の書斎に「六然居士」が掲げられています。新島と海舟との相通ずるものがあったことの証左です。

さて、本書で紹介したように、明治維新革命に続く近代化の歩みを見ますと、政治、経済・産業、医学、教育、文学、芸術などあらゆる分野での改革の息吹とともに、新たな時代のリーダーたちが登場しました。まさに時代は坂本龍馬に続く、倜儻不羈の人たちを必要とし、その道の優れたペンチャー事業家たちの出番でした。

帰国後、新島襄の総合大学設立の活動をみる時、自ら定めた事業のために、あれだけの人間と会い、心を通じて親友となり、支援者として協賛を得たことか、心に響きあうものは何であったか…、東奔西走の活動は幕末の坂本龍馬とそっくりでした。

新島襄は一代でこの大事業を成し遂げようと考えていたわけではなく、勝海舟との会談で、「同志社の完成には二〇〇年を要する」という言葉を残しています。実に二世紀にわたる一大事業と考えていました。その意味では後継者の責務は重大であり。新島のＤＮＡを継承した有能な人物が次から次へと登場してくることを祈るばかりです。

本書で登場した「熊本バンド」など新島襄とかかわりのあった人たちが、いかに倜儻不羈の人物が多かったかあらためて痛感します。

そして、本書ではその一番手として、倜儻不羈の弟子、下村孝太郎を取り上げました。今日まで、新島襄から下村孝太郎以下、弟子たちに引き継がれ、多くの有能な人材を生みました。政治、経済・産業、医学、教育、文学、芸術などあらゆる分野で、功なり名を遂げた人たちが、また新たな「手本」「範」を示してくれています。私は伝統とはこうして創られ、後世に引き継がれるものと思います。

本書では各先人たちのできるだけ実像に迫るため、「先生」いう敬称を略しました。本書に登場した偶儻不羈の人たちからの教えとして、今一度、変わるものと変わらないものを明確に区分した上で、先覚者たちの教えを問い直し、未来へ向かって、変化への挑戦を始めなければならないと思います。

最後に、本書をまとめるにあたり、同志社社史資料センター、同志社女子大学史料室からは写真、資料提供などを受け、お世話になりました。また発刊にあたっては大学教育出版の佐藤守社長、安田愛さんには適切な助言とお骨折りをいただきました。心からお礼を申し上げます

二〇〇八年七月

東京・新宿にて　　志村　和次郎

参考図書・文献

・新島襄全集編集委員会『新島襄全集』全一〇巻　同朋社、一九八三〜一九九六
・同志社・編集委員会『現代語で読む・新島襄』丸善、二〇〇〇
・本井康博『新島襄の交遊』思文閣出版、二〇〇五
・伊藤彌彦『新島襄全集を読む』晃洋書房、二〇〇二
・安部磯雄『社会主義者になるまで』改造社、一九三二
・竹中正夫『勝海舟と新島襄』同志社、一九九九
・早稲田大学史編集所「大隈重信叢書『大隈重信は語る』」早稲田大学出版部、一九六九
・太田雄三『新島襄』ミネルヴァ書房、二〇〇五
・天野正子『女子高等教育の座標』垣内出版、一九八六
・共愛学園『共愛学園百年史上巻』共愛社、一九九八
・本井康博『新島襄と建学の精神』同志社大学出版部、二〇〇五
・和田洋一『同志社の思想家たち』同志社大学生協出版部、一九六五
・同志社大学人文科学研究所『熊本バンド研究』みすず書房、一九六五
・志村和次郎『新島襄とその高弟たち』上毛新聞社、二〇〇四
・本井康博『新島襄と徳富蘇峰』晃洋書房、二〇〇二
・小野恵美子『日米の懸け橋』大阪書籍、一九八八
・中村貢『デントン先生』同志社女子大学、一九七五

・志村和次郎『新島襄と私立大学の創立者たち』キリスト新聞社、二〇〇四
・三野昭一『近代日本経営史』文化書房博文社、一九七八
・小林正彬『日本経営史に学ぶ』有斐閣、一九九二
・田中彰『明治維新と西洋文明』岩波書店、二〇〇三
・下村孝太郎『我が宗教観』北文館、一九三三
・若松兎三郎『下村先生追憶録』若松兎三郎、一九三八
・大阪瓦斯社史編集室『大阪瓦斯五十年史』大阪瓦斯株式会社、一九五五
・住友化学工業『住友化学工業株式会社史』住友化学工業株式会社、一九八一
・日本エネルギー学会『コークスロサーキュラー』、一九五二
・日本瓦斯協会『ガス工業（上巻）』丸善出版、一九四九
・飯田賢一『鉄の語る日本の歴史』そしえて、一九七六
・日本鉄鋼連盟『鉄鋼界』五二巻八号、一九五一
・同志社『同志社時報』五三、六二号、一九七五、一九七七
・司馬遼太郎『明治という国家』日本放送出版協会、一九九一
・司馬遼太郎『この国のかたち1』文芸春秋、一九九〇

（写真提供）同志社社史資料センター・同志社女子大学史料室
徳富蘇峰記念館・新日本製鉄総務部広報センター・国立国会図書館・京都市上下水道局

（挿画・スケッチ）志村和次郎

■新島襄の年譜

年（年号）	事項
一八四三（天保四）	一・一四（陽暦二月一二日）上州安中藩江戸屋敷で新島襄（幼名七五三太）誕生。
一八四八（弘化五）	父から習字のけいこを受け始める。
一八五三（嘉永六）	安中藩の学問所に入り、添川廉斎について漢文の学習を始める。同時に剣術や馬術のけいこを始める。
一八五九（安政六）	父が藩主に随行して大坂（大阪）に出張。その間、祐筆ならびに自宅の書道塾での指導を代行する。
	蘭学の勉強を再開する。
一八六〇（萬延一）	幕府の軍艦教授所（軍艦操練所）に通い、数学、航海術を学ぶ。
	蘭学の書物により天文学、物理学を自習する。
一八六一（文久一）	軍艦教授所で生徒中世話役を務める。無理な勉強のため、目を傷める。
一八六二（文久二）	眼病のために軍艦教授所を退学する。甲賀源吾の塾に入り、兵学、測量、数学などを学ぶ。翌年にかけて二か月間、備中松山藩（今の岡山県高梁市）の洋式帆船、快風丸に便乗し、江戸から玉島（今の岡山県倉敷市）まで航海する。
一八六三（文久三）	蘭学のほかに英語の勉強を始める。『ロビンソン・クルーソー物語』の日本語訳、アメリカ

	史に関する漢訳の書物（『連邦志略』）や聖書の物語などを読んで「天父」を発見する。
一八六四（元治元）	箱館（今の北海道函館）の武田塾に入るために再び快風丸に便乗して、品川から箱館まで航海する。ニコライ神父の日本語教師となって、神父の家に移り住み、眼病の治療もする。六・一四福士卯之助の助けを得て、米船ベルリン号へ乗り移り、国禁を犯して、函館からの脱出に成功。（二一歳）上海で、ベルリン号のW・T・セイヴォリー船長の斡旋により、アメリカ船ワイルド・ローヴァー号（H・S・テイラー船長）に乗り換える。
一八六五（慶応一）	一〇月、ワイルド・ローヴァー号の船主A・ハーディーと夫人に「脱国の理由書」を提出。夫妻は新島のいわば「養父母」となる決意を固める。ハーディー家では「ジョセフ」(Jo-seph)と呼ばれる。 一〇、M・E・ヒドゥンの自宅にホームステイする。同家に同居するE・フリント夫妻が家庭教師役を引き受ける。 一〇・三〇、アンドーヴァーにあるフィリップス・アカデミー英語科に入学する。
一八六六（慶応二）	一二・三〇、アンドーヴァー神学校付属教会（会衆派）で洗礼を受ける。
一八六七（慶応三）	九、アーモスト大学に入学。「ミッショナリー・バンド」という学生サークルに加入。在学中、公私ともにJ・H・シーリー教授の感化を受ける。
一八六九（明治二）	春休みを利用して、アーモストの南部で銃器、製紙、製鉄、織物などの製造工場を見学する。
一八七〇（明治三）	アーモスト大学卒業。アンドーヴァー神学校入学。（二七歳）

一八七一(明治四)	三・二七、弟（双六）死去。二四歳。 八・二二、森有礼少弁務使（駐米公使）が新島にパスポートと留学許可書が送られる。
一八七二(明治五)	岩倉具視使節団と会い、欧米教育制度調査の委嘱を受け、文部理事官田中不二麿に随行して欧米各国の教育制度を視察。 九、ベルリンに滞在して、田中不二麿に出す報告書の草案を作成する。後に文部省から刊行された『理事功程』の草案の一部となる。
一八七四(明治七)	アンドーヴァー神学校卒業。 四・一四、アメリカン・ボード日本ミッションの準宣教師に任命される。 一〇・　アメリカン・ボード海外伝道部の年次大会で、日本にキリスト教主義大学の設立を訴え、五、〇〇〇ドルの寄付を受ける。 一一・　横浜に帰着。D・C・グリーン、湯浅治郎らが出迎える。 一一・二八、東京から群馬県安中に向かい、深夜に到着。その夜は旅館(山田屋)に宿泊する。 一一・二九、家族らと一〇年ぶりに再会する。 一二・二八、文部省に田中不二麿を訪ね、一二・三〇、田中不二麿から私邸に招かれる。
一八七五(明治八)	一・二〇、横浜から船で大阪に向かう。船中で伊藤博文に再会する。 一・二二、大阪着。外国人居留地（川口与力町）に住む宣教師、M・L・ゴードン宅に逗留する。 一、「大阪会議」のために大阪に集合した木戸孝允や伊藤博文らの協力を得て、念願の学校設立に着手する。

	二、渡辺昇大阪府知事の賛同が得られず、大阪での学校設立を断念する。 四、京都で、槇村正直京都府大参事（後に知事）や山本覚馬京都府顧問らと面談し、山本から学校を京都に「誘致」される。 六、大阪から京都に転住し、山本覚馬宅に移り住む。 一一・二九、「官許同志社英学校」開校。
一八七六（明治九）	一・三、J・D・デイヴィス宅で山本八重と結婚式を挙げる。 九・一八、旧薩摩藩邸跡（現在の同志社大学今出川校地の一部）の校舎二棟（第一寮、第二寮）、食堂・台所一棟が竣工し、寺町通りの高松邸から英学校を移転させる。 一〇・二四、J・D・デイヴィス宅（京都御苑内の柳原前光邸）で女子塾を開始する。（A・J・スタークウェザーと新島八重が教師）
一八七八（明治一一）	四・七、外務卿の寺島宗則へ「同志社経営に関する弁明書」を提出。 六、同志社女学校の生徒募集広告を出す。 七・四、同志社女学校をJ・D・デイヴィス宅から今出川通り寺町西入ル（現在の同志社女子大学今出川校地の一部）の新校に移転させる。 九・七、J・M・シアーズの寄付金で新築した私宅（現在の「新島旧邸」）が、寺町通り丸太町上ルに完成する。
一八七九（明治一二）	六・一二、同志社英学校第一回卒業式を行う。卒業生は余科（神学科）の一五名で、全員が「熊本バンド」。
一八八〇（明治一三）	一・一二、H・F・パーミリー（同志社女学校教員）と契約書を交わす。

	四・一三、いわゆる「自責の杖」事件により学生ストライキは解消。 六、「同志社女学校規則」を作成。
一八八二(明治一五)	六・二九、同志社女学校第一回卒業式を行う（卒業生は五名）。 一一、同志社英学校を大学に昇格させる運動に着手し、「同志社英学校設立の由来」、「大学設立之主意之骨案」を作成する。
一八八三(明治一六)	四、「同志社大学設立旨趣」を公刊する。同時に「同志社設立の始末」を作成する。 五・一一、第三回全国基督教信徒大親睦会（東京・新栄教会）で説教を行い、会衆に深い感銘を与える。
一八八四(明治一七)	二、伊藤博文と面談し、徴兵令改正問題（徴兵猶予の特典を得る件）の陳情と「条約改正ヲ促スノ策」を提出。 四・六、保養と募金のために神戸港から欧米旅行（イタリア、スイス、ドイツ、イギリスを経てアメリカへ）に出発する。 九・一五、同志社英学校最初のレンガ造り校舎（彰栄館）の開場式。 九・三〇、ボストンに到着し、ハーディー夫妻らと再会する。
一八八五(明治一八)	一〇・二九、日本の高等教育に対するアピールを英文で発表。 一二・一二、アメリカから帰国し、横浜に入港。
一八八六(明治一九)	三、一致教会と組合教会との教会合同運動が起きる。
一八八七(明治二〇)	一一・一五、同志社病院開院式、京都看病婦学校開校式。書籍館（図書館）の開館式を行う。

一八八八（明治二一）	七、大学設立資金募集説明会、大隈外務大臣官邸で開く。 一一、「同志社大学設立の旨意」を全国の主要な雑誌・新聞に発表。
一八八九（明治二二）	アーモスト大学から名誉博士号を送られる。
一八九〇（明治二三）	一・二三、募金運動中に前橋で倒れ、静養先の神奈川県大磯の旅館百足屋で、徳富蘇峰、小崎弘道らに一〇か条の遺言を託して永眠（四七歳）。
一八九一（明治二四）	九、政法学校開校。政治科と理財科を置き、法学部と経済学部の前身とみなされている。
一八九三（明治二六）	一〇、同志社徽章（校章）を制定。
一九〇一（明治三四）	同志社女学校専門学部設置。
一九〇四（明治三七）	四、専門学校開校。専門学校令による神学校と専門学校を開校し、政法学校、理化学校などは廃止もしくは統合された。
一九〇九（明治四二）	同志社カレッジソング（W・M・ヴォーリズ作詞）を制定。
一九一二（明治四五）	四、専門学校令による同志社大学（予科・神学部・政治経済部・英文科）ならびに女学校専門学部開校。

■下村孝太郎の年譜

年（年号）	事項
一八六一（文久一）	九月二六日熊本市本山村に細川藩士、九十郎を父に生まれる。
一八七二（明治五）	熊本洋学校に入学。ジェーンズより究理学（物理学）、舎密学（化学）を学んだ。
一八七六（明治九）	キリスト教を学び、花岡山山頂で「奉教趣意書」盟約。同志社英学校に入学。
一八七九（明治一二）	同志社を卒業後、熊本にて私立英学塾を設立する。
一八八一（明治一四）	同志社英学校にて、物理、化学および数学を教える。（四年間）
一八八五（明治一八）	アメリカ、ウースター・ポリテクニック・インスティテュートに入学、化学専攻。
一八九〇（明治二三）	同校を卒業し、さらにジョンズ・ホプキンズ大学大学院に入学。レムゼン教授より有機化学を学ぶ。在学中、新島襄の指示で、二二年五月、コネチカット州の富豪J・N・ハリスと折衝、自然科学教育のため同志社へ一〇万ドルの寄付を得る。二三年帰朝。同志社ハリス理化学校の設立にあたる。教頭に就任。
一八九五（明治二八）	化学教育に従事し、「終身の事業」と心得たが、同志社理事と対立し、五年間で退任する。
一八九六（明治二九）	有機化学工業分野の起業を決意し、大阪舎密工業株式会社を設立。コークス炉調査のた

	め、欧米を視察し、帰国後コークス製造炉一六基建造。
一九〇四(明治三七)	同社の技師長兼任で、第六代、同志社社長に就任。
一九〇五(明治三八)	同志社社長を辞す。大阪瓦斯株式会社の技師長に就任。
一九〇六(明治三九)	大阪舎密工業と大阪瓦斯が業務提携。
一九〇七(明治四〇)	官営・八幡製鉄所の嘱託になり、ソルベー式コークス炉の建設、技術指導を行い、三基の稼働開始。
一九〇八(明治四一)	「有煙炭を以て割目少なきコークスを製する方法」の特許取得。
一九一二(大正一)	欧米へ六か月にわたり技術視察。
一九一四(大正三)	染料合成実験中、薬品爆発のため、両眼に火傷を負う。さいわい失明を免れ、三好久太郎とナフタリン系合成染料の工業化に成功。
一九一五(大正四)	工学博士の学位を受ける。
一九一六(大正五)	国策会社・日本染料製造株式会社の技師長になる。大阪舎密の隣接地に工場を建設し、わが国最初の有機染料工場の基礎を築いた。
一九一九(大正八)	大阪瓦斯株式会社顧問から取締役に選任される。

一九二三（大正一二）	大阪舎密工業株式会社社長に就任。
一九二四（大正一三）	低温乾溜方法の発明、事業への貢献で藍綬褒章を受ける。
一九二五（大正一四）	大阪舎密工業と大阪瓦斯が合併。専務取締役になる。
一九三三（昭和八）	アメリカ、ウースター・ポリテクニック・インスティテュートより名誉学位、Doctor of Engineering を受ける。
一九三七（昭和一二）	一〇月二一日逝去（七七歳）

人　名　索　引

■著者紹介

志村　和次郎（しむら　かずじろう）

同志社大学法学部卒業。現在、ニュービジネスブレイン機構　代表理事。ベンチャー起業支援のほか、新製品開発・新事業プロジェクトのコンサルタントとして活躍中。ヤマハ発動機で生産管理、販売管理の管理職、子会社役員などを経て、経営コンサルタント（中小企業診断士）として独立。中小企業大学校の講師などを経て、ソードビジネスコンサルタント代表取締役などベンチャー数社の役員、顧問を歴任した。日本ベンチャー学会正会員。多くのビジネス書のほか、「明治史の研究」での事業家研究に定評がある。

著書は『最新事業戦略と事業計画書がよくわかる本』（秀和システム）、『マーケティング数字の読み方と活用術』（同友館）、『ヤマハの企業文化とCSR』（産経新聞出版）、『創造と変化に挑んだ６人の創業者』（日刊工業新聞社）、『新島襄とその高弟たち』（上毛新聞社）、『新島襄と私立大学の創立者たち』（キリスト新聞社）など多数。

倜儻不羈の事業家

新島襄と下村孝太郎

―時代を生き抜いたベンチャー魂―

2008年10月20日　初版第1刷発行

■著　　者――志村和次郎
■発 行 者――佐藤　守
■発 行 所――株式会社大学教育出版
〒700－0953　岡山市西市855－4
電話(086)244－1268㈹　FAX(086)246－0294
■印刷製本――サンコー印刷㈱
■装　　丁――ティーボーンデザイン事務所